Rainer Waterkamp

Südafrika

Wohnmobil kompakt
Reisen

Rainer Waterkamp

SÜDAFRIKA

TOUREN ▪ TIPS ▪ ADRESSEN

Motor
buch
Verlag

IMPRESSUM

Einbandgestaltung: Nicole Lechner
Bilder: Rainer Waterkamp
Karten: Bernhard Spachmüller, Ingenieurbüro für Kartographie

Zu großem Dank verpflichtet bin ich dem ADAC-Reisedienst (Herrn Markus Grimm und Frau Anita Single) sowie Maui Rentals (Teresa Jentsch) in Südafrika für die geleistete Unterstützung bei der Durchführung der Wohnmobil-Reise sowie meinem unermüdlichen Fahrer Lucas Moloi.

ISBN 3-613-01775-X

1. Auflage 1998

Lektorat: Joachim Kuch
Innengestaltung: Katharina Jüssen
Druck: Rung-Druck, 73033 Göppingen
Bindung: Josef Spinner, 77833 Ottersweier
Printed in Germany

Lieber Leser,

Ihre Meinung ist uns wichtig!
Nur durch Ihre Anregungen und Ihre Kritik können wir uns ständig verbessern. Bitte schreiben Sie uns doch auf dieser Antwortkarte, wie Ihnen das Buch gefallen hat.

Autor und Titel des Buches:

Meine Meinung zu diesem Buch:

Ich habe dieses Buch gekauft bei

☐ Buchhandel ☐ Versandhandel ☐ Sonstigem Händler

Schreiben Sie uns und gewinnen Sie!

Unter den Einsendern werden jeden Monat 10 Büchergutscheine im Wert von jeweils 99 Mark verlost.

Vorname

Nachname

Straße

PLZ, Ort

Beruf

Geburtsdatum

Bitte schicken Sie mir **gratis** ihren Prospekt mit allen lieferbaren Titeln zum Thema:

- ☐ Auto
- ☐ Motorrad
- ☐ Eisenbahn
- ☐ Luftfahrt
- ☐ Waffen
- ☐ Zeitgeschichte
- ☐ Maritim
- ☐ Reisen/Survival/Sport
- ☐ Fahrrad
- ☐ Pferde
- ☐ Hunde/Katzen
- ☐ Essen/Trinken
- ☐ Angeln/Tauchen

Bitte ausreichend frankieren

Antwortkarte

Paul Pietsch Verlage
Abteilung Kunden-Service
Postfach 10 37 43

70032 Stuttgart

KAPSTADT UND KAPHALB-INSEL

Von Tafelbergen und Guten Hoffnungen

Erste Begegnungen in einer der schönsten Städte der Welt. Der Tafelberg und das Kap der Guten Hoffnung. Meilenlange weiße Strände und spektakuläre Küstenstraße. Von idyllischen Fischerorten zu berühmten Weingütern.

Die Lufthansa-Maschine patscht nach 13 Stunden Nachtflug durch die Regenpfützen der Landebahn. Wolkenbruchartige Güsse haben zeitweilig den Ausfall der Fluglandehilfen verursacht und unseren Flieger beinahe zu einem Umweg ins entfernten Kimberley gezwungen. Doch nun sind wir in Kapstadt, für viele wegen seiner einmaligen Lage die schönste Stadt der Welt. Hier hatte Leendert Janzen ein Jahr lang mit der Mannschaft der gestrandeten *Nieuw Haarlem* gelegen und den begeisterten Bericht verfaßt, der zur Gründung der Stadt führte.

Fahrt nach Simon's Town

Auf dem Weg vom Flughafen nach Kapstadt sind die Elendsquartiere nicht zu übersehen. Auch die hoffnungsvollen Namen können über das Elend nicht hinwegtäuschen: »Khayelitsha« bedeutet in der Xhosa-Sprache »Neue Heimat«, »Guguletho« heißt gar »Unser Stolz«.

Die erste Nacht im Wohnmobil auf dem Caravanplatz nahe *Simon's Town* ist noch gewöhnungsbedürftig, doch schon bald werde ich es zu schätzen wissen, nicht täglich meinen Koffer packen zu müssen, meine Mahlzeiten nach Bedarf zubereiten zu können und die kalten Getränke aus dem Kühlschrank angeln zu können, sobald der Durst mich plagt.

Die geografischen Eigenarten des Landes der Guten Hoffnung kenne ich bereits. Ich weiß, daß der Mond »verkehrt« herum hängt, weil der zunehmende Mond (verglichen mit unserer Hemisphäre) die Form des abnehmenden hat und umgekehrt, sich der Strudel des ablaufenden Wassers im Wasserbecken gurgelnd gegen den Uhrzeigersinn dreht und die Sonne stets im Norden den Horizont entlangzieht. Ausgangspunkt meiner diesjährigen Südafrika-Reise wird aus klimatischen Gründen Kapstadt sein, wo das Wetter jetzt, im Februar/März noch sonnig ist. Dann wird es über die Küsten- und Gartenrouten quer durch die ehemaligen Homelands Ciskei und Transkei gehen, eine landschaftlich schöne Strecke, die von den großen Reiseunternehmen aus Angst vor vermeintlichen Sicherheitsrisiken überflogen wird.

Über KwaZulu/Natal mit seinen herrlichen Stränden, Wildparks und der gewaltigen Hochgebirgkette

Streckenführung:

Von Kapstadt geht es etwa 40 km zum Oatlands Holiday Village Campground bei Simon's Town. Von hier sind es 23 km bis Cape Point und noch 6 km bis zum Kap der Guten Hoffnung. Insgesamt muß man für den Abstecher zum Kap mit ca. 52 km rechnen.

Der alte Marinehafen und die schmucken Häuschen des kleinen Städtchens Simons'Town bei Kapstadt sind eine gute Einstimmung für die Südafrika-Rundreise; ganz in der Nähe befindet sich ein schöner Campingplatz für die Wohnmobile.

der Drakensberge werden wir das Königreich Swaziland durchqueren, das touristisch an Bedeutung verloren hat. Am Ende der Reise stehen die touristischen Highlights des Kruger Nationalparks und des Blyde River Canyon, wo das Wetter im März/April schöner wird. Das Wohnmobil-Abenteuer wird im Ballungsgebiet Gauteng mit Pretoria und Johannesburg zuende gehen. Zurück nach Frankfurt geht es dann mit dem Jet, rund zehn Stunden wird der Rückflug dauern.

Das Straßenbild des kleinen Küstenstädtchens Simon's Town mit dem nahegelegenen Caravan-Park bestimmen enge gewundene Gäßchen, altmodische Pubs und die »historische Meile« mit ihren kulturellen Sehenswürdigkeiten, besonders den schmucken Häuschen. Auf dem betriebsamen Jubilee Square direkt am Wasser steht die bronzene Statue von »Just Nuisance«, einer dänischen Dogge, die den Briten im Zweiten Weltkrieg als Marine-Maskottchen diente. Doch die Stadt hält noch eine Überraschung bereit. Hier haben sich Pinguine angesiedelt, Brillenpinguine, denen wir zuschauen können, wenn sie gemächlich und würdevoll den Strand entlangwatscheln.

Ausflug auf den Tafelberg

Da es am Tag unserer Landung erheblich geregnet hat, ist es am frühen Morgen des folgenden Tages ungewöhnlich klar und sonnig. Die Gelegenheit ist günstig, um den berühmten *Tafelberg* zu besuchen, den nicht selten eine flache Wolkenschicht wie ein Tischtuch bedeckt - das berüchtigte Tablecloth. Der monolithische Berg bildet das Nordende der Kaphalbinsel, besteht aus mächtigen Schichten von Sandstein und Schiefer, durchsetzt mit Quarz und Granit, das an einigen Stellen zutage tritt.

Welch grandiose Kulisse sich zu Füßen des mächtigen Tafelberges ausbreitet, zeigt sich eindrucksvoll, als wir mit einer der 1997 in der Schweiz gefertigten neuen Kabinen der alten Seilbahn hinauffahren. Von hier oben gewinnen wir einen bezaubernden Rundblick über die Halbinsel und den riesigen Bogen der Tafelbucht mit dem Lion's Head

Imponierend ist die Drahtseilbahn mit den neuen, 1997 fertiggestellten runden Kabinen, die während der Fahrt rotieren. Sie fährt auf den 1087 Meter hohen Tafelberg, Wahrzeichen von Kapstadt.

Atemraubend ist der Blick vom Tafelberg bei gutem Wetter auf die Stadt und Lions Head im Westen (links).

im Westen und dem Devil's Peak im Osten. Hier sehe ich auch einige murmeltierähnliche Klippschliefer, die nach den für mich schwer nachvollziehbaren Kriterien der Biologen mit den Elefanten verwandt sind. Sie besitzen haftfeste elastische Sohlen an den Fußballen sowie Krallen an den Zehen, so daß sie vorzüglich klettern können. Vom Tafelberg möchte mein Fahrer unbedingt einen Blick durch mein Teleobjektiv auf das ehemalige Gefängnis Robben Island im Atlantischen Ozean werfen, das ursprünglich eine Leprakolonie gewesen ist. Hier war Nelson Mandela 17 Jahre lang als Sträfling mit der Nummer 466/64 in Zelle 5 des Hochsicherheitstrakts eingesperrt. Über dem Eingangstor zum Gefängnis kann man das Motto des Strafvollzugs lesen: »We serve with pride«, was mich peinlich an das Motto erinnert, das über deutschen KZs stand: »Arbeit macht frei«.

Erster Bummel in Kapstadt

Kapstadt galt seit jeher als vergleichsweise liberal. Schon 1666 lebten hier hundert KhoiKhoi als allgemein akzeptierte Mitbürger. Gouverneur Simnon van der Stel ordnete an, daß Sklaven, die weiße Väter hatten, die Freiheit erhielten. Kein

Das ist der berühmte Tafelberg, der oft von einer flachen Wolkenschicht wie ein Tischtuch (Tablecloth) bedeckt wird. So klar wie auf diesem Bild zeigt er sich selten

Wunder, denn er war als Sohn einer indischen Mutter selber ein »Coloured«, ein Farbiger. In der kosmopolitischen City ist alles zu Fuß erreichbar. Kapstadts Hauptverkehrsader und Prachtstraße ist die Heerengracht, die quer durch die Stadt führt und sich in der Adderley Street fortsetzt. Sie wird von modernen Bank- und Bürogebäuden, Wolkenkratzern, luxuriösen Hotels und eleganten Einkaufsgeschäften ge-

säumt. Blumenverkäuferinnen und Obsthändler bieten ihre Waren an, Touristen und Pärchen flanieren die Straße entlang und Geschäftsleute in dunklen Anzügen essen gegrillte Boerewurst. Am Endpunkt der Straße befindet sich eine Grünfläche mit dem Denkmal des Stadtgründers Jan van Riebeeck; ein weiteres Denkmal zeigt seine Frau Maria. Im Auftrag der »Holländisch-Ostindischen Seefahrts-Compagnie« schuf er hier 1652 einen Obst- und Gemüsegarten, um auf dem Weg nach Indien die Wasser- und Vitaminversorgung sicherzustellen. Company' Garden heißt denn auch der Park im Herzen der Metropole, der heute

Die City Hall von Kapstadt wurde 1905 im Stil der italienischen Renaissance erbaut. Hier finden Konzerte des Symphonie-Orchesters statt.

eine Oase der Ruhe ist und gleich von drei Museen gesäumt wird, dem South African Museum, der South African National Gallery und dem Jewish Museum. Hier laden schattenspendende Bäume und exotisches Buschwerk sowie zahlreiche Eichhörnchen zu einer Verschnaufpause mit Blick auf den Tafelberg ein. Zwischen Groote Kerk und Nationalgalerie flankieren denkmalgeschützte Prachtbauten die sorgfältig gehegte Parkanlage. Sechs Monate im Jahr, während der heißesten Jahreszeit, wird Kapstadt zum Regierungssitz, und das Parlamentsgebäude sowie die kleine weiße Villa von Nelson Mandela, das Tuynhuis, stehen so ungeschützt am Rande des großen botanischen Gartens, als gäbe es weder Armut noch Gewalt in diesem Land.

Typisch für Kapstadt ist das Nebeneinander von Tradition und Moderne. Supermodern ragt die Rauchglasfassade des Hotels »Cape Sun« empor. Nicht weit entfernt befindet sich der Flohmarkt am Greenmarket Square und das Parlamentsgebäude in Company's Garden, ein ehrwürdiges Gebäude im klassizistischen Stil an der Straße mit Eichenbäumen. Wir bummeln zu Kapstadts schönstem Kolonial-Hotel, dem pastell rosafarbenen »Mount Nelson« in Gardens, um den Five o'clock-Tea gegen 16 Uhr auf der Terrasse oder in der Lounge des Hotelpalastes aus vergangenen Zeiten zu genießen. Weihnachten wird hier gleich zweimal gefeiert; im Dezember und im Juni, dem südafrikanischen Winter.

Die Hafenfront (Victoria & Alfred Waterfront) bildet das Abschlußprogramm am Spätnachmittag des zweiten Tages unseres Aufenthaltes in dieser aufregenden Stadt. Ein ehr-

Überraschend vielfältig ist das Angebot an Museen und Galerien in Kapstadt. Im Bild die »South African National Gallery«; sie besitzt die größte Sammlung südafrikanischer Kunst.

geiziges Stadterneuerungsprojekt hat dafür gesorgt, daß das pittoreske alte Hafenviertel wieder mit Leben, Ladengalerien, Restaurants, Bars, Kinos, Museen und Marktständen gefüllt ist. Wo sich noch vor einigen Jahren zwielichte Gestalten der Halb- und Unterwelt trafen, entstand nach dem Vorbild der Fisherman's Wharf in San Francisco ein gewaltiger Einkaufs- und Unterhaltungskomplex. Die zentrale Victoria Wharf entstand aus alten Gebäuden und ist heute mit Kneipen und Geschäften einen Besuch wert. Doch bei Einbruch der Dunkelheit verödet die Stadt schlagartig. Wir fahren deshalb vor Sonnenuntergang noch zum nördlich von Milnerton liegenden Bloubergstrand. Von hier genießen wir einen eindrucksvollen Blick auf den Tafelberg, der in ein bläuliches Licht getaucht erscheint – deshalb auch der Name »Blaubergstrand«.

Zaghaft zuerst, dann immer klarer zeichnet die untergehende Sonne zarte orange-farbene Schattierungen auf die Landschaft, bis der Himmel kurz karminrot erglüht und das

Bei Hout Bay erreicht die Küstenstraße der Kaphalbinsel ihren spektakulärsten Abschnitt. Die Fahrt hier entlang (von Süd nach Nord und vormittags am besten) ist ein unvergeßliches Erlebnis.

Meer in Gold taucht. Dann versinkt alles in der tiefschwarzen Nacht..

Früh am Morgen und nach einem herzhaften Frühstück machen wir unseren ersten Ausflug nach *Kirstenbosch*. In die hügelige Landschaft eingebettet liegen zahlreiche Häuser im Stil des kapholländischen Barock, die wie aus der Kulisse eines Monet-Gartens wirken. Der

»National Botanical Gardens of Kirstenbosch«, der botanische Garten am Rhodes Drive, gehörte einst zu den riesigen Landbesitzungen von Cecil Rhodes. Zahlreiche exotische und einheimische Pflanzen begeistern uns, so auch die Protea, die Nationalblume Südafrikas. Es gibt sie in zahlreichen Formen, erwa als die »Bärtige«, das »Nadelkissen« und Suikerbos, die populärste Protea-Art. Im Frühjahr blüht die nirgendwo sonst auf der Welt vorkommende Orchidee »Blue Drip Disa«.

Strände und Fischerhäfen

Rund um die Kaphalbinsel führt eine der schönsten Küstenstraßen der Welt, die herrliche Ausblicke auf zwei Ozeane, in der Ferne blau schimmernde Berge, schier endlos erscheinende weiße Strände und von aufschäumender Gischt umtoste Klippen bietet. Wir fahren im Uhrzeigersinn und haben somit nicht nur die besseren Lichtverhältnisse, sondern auch die günstigere Straßenseite gewählt, auf der wir anhalten und fotografieren können. Unsere Fahrt geht kilometerlang vorbei an attraktiven Stränden und felsigen Buchten, die wegen der geschützten Strände aus feinem Sand und kaltem, klarem Wasser besonders beliebt sind. Clifton Beach ist der Societytreff am Kap, Surfer zieht es nach Llandudno, und wer den Genuß von frischem Fisch vorzieht, den zieht es nach Hout Bay. Bei Llandudno kleben Millionärsvillen am Hang.

In halsbrecherischen Windungen führt uns die Fahrt zum langen, schneeweißen Strand von *Noordhoek* am Fuße des Chapman's Peak. Die feinen Strände erstrecken sich bis zum fernen Horizont, sind jedoch zu gefährlich zum Schwimmen und nur zum Surfen oder Reiten geeignet. Tatsächlich entdecke ich eine Gruppe von Reitern, die den langen weißen Strand entlangzieht. Vom Ausguck der kurvenreichen Straße erscheinen sie allerdings winzig klein und sind nur durch mein Teleobjektiv auszumachen.

Der kurvenreiche zehn Kilometer lange Chapman's Peak Drive, der in den Felsen exakt an der Linie geschlagen wurde, wo die zerklüfteten Hänge aus Granit auf dem rot, orange und gelb gefärbten Sandstein aufsitzen, galt zur Zeit der Erbauung (1915-22) als Pioniertat des Straßenbaus. Die Bucht verdankt ihre Bezeichnung einem britischen Seemann namens John Chapman, der 1607 an Land ging, um eine Anlegestelle zu finden, dann jedoch an diesem Gestade zurückgelassen wurde und erfolgreich um sein Überleben kämpfte. Hundertfünfzig Meter tiefer schäumt das Meer, brechen sich die gewaltigen Wellen an den schroffen Klippen. In der Ferne erkenne ich das Fischerdorf *Hout Bay*, bekannt durch seine Flotte von Krabben-Fischern.

Hier erreicht die kühn geschwungene Küstenstraße, die an die Cote d'Azur erinnert, ihren spektakulärsten Abschnitt, der sich mit den schönsten Küstenstraßen der Welt messen kann. Und hier wurden die Bäume für die ersten Häuser der

Diesen herrlichen Blick auf den im bläulichen Licht schimmernden Tafelberg bekommt man vom Bloubergstrand – beliebtes Fotomotiv aller Südafrika-Fotografen.

Der 40 Kilometer lange Strand des »Kaps der Guten Hoffnung« besteht aus Klippen, flachen Felsen und sandigen Buchten. Hier kann man sein Wohnmobil abstellen und wandern, wandern...

Kapkolonie gefällt, woran der Name »hout« erinnert, was auf holländisch Holz bedeutet. Am Camps Bay tummeln sich hübsche Mädchen und schöne Männer, über dem Strand erheben sich majestätisch die »Twelve Apostel«.

Cape Point und das »Kap der Guten Hoffnung«

Das »Kap der Guten Hoffnung«, von dem portugiesischen Seefahrer Bartolomaeu nach seiner Rückkehr aus Indien »Kap der Stürme« genannt, ist jedem Südafrika-Touristen ein Begriff. Jeder will einmal dort gewesen sein, wo der kalte Benguela-Strom des Atlantik sich mit dem warmen Agulhas-Strom des Indischen Ozeans vermischt. Der Abstecher zum *Cape of Good Hope Nature Reserve*, dessen 40 km langer Strand aus Klippen, flachen Felsen und sandigen Buchten besteht, führt uns durch eine reizvolle Landschaft voller Proteen, Heidekraut und anderer Pflanzen. Im Naturreservat gibt es Paviane und Zebras, Bonteboks und Springboks, graue Rehböcke und Steinböcke, Elenantilopen und viele Vogelarten.

Die Fahrt endet an einem großen Parkplatz, von wo aus ich zu Fuß zum *Cape Point* gelange, der südlichen Spitze der Halbinsel, bei der sich die

Vom steil abfallenden Felsrand des Cape Point blickt man hinunter auf die tobende und schäumende Brandung.

Granitklippen rund 260 Meter tief ins Meer stürzen. Ich steige, da die Seilbahn erst ab 11 Uhr in Betrieb ist, zu Fuß die Stufen zu dem hoch über dem Meer liegenden Leuchtturm. Nur langsam gewöhnt sich das schreibtischverwöhnte Auge an die Lichtflut des Himmels und die Weite des Ozeans. Von hier aus ist das eigentliche *Kap der Guten Hoffnung* zu sehen, das sich gute zwei Kilometer ins Meer schiebt. Tangpolster im türkisfarbenen Meer wirken wie schwarze Diamanten. In der tobenden Kap-Brandung sank 1680 die »Flying Dutchman«, ein Unglück, das zum sagenhaften »Fliegenden Holländer« wurde.

Wir fahren hinunter zum Kap, wo die zurückflutende See einen Schaumteppich mit eingesprenkelten grünen Tangresten zurückläßt.

Die letzten Besucher sind verschwunden, Stille liegt über dem Kap und ein traumhafter Sonnenuntergang kündigt sich an. Der Kampf der letzten Sonnenstrahlen mit dem dunkler werdenden Horizont zeigt sich als blutrote Kulisse in der Ferne, bis das Dunkel der Nacht siegt und den Vorhang vor einen beeindruckenden Tag zieht, der wohl noch in den Erinnerungen späterer Jahre lebendig werden wird.

Ausflug zu berühmten Weingütern

Kapstadts Umgebung ist berühmt für die vielen Weingüter, von denen man mindestens eins einfach besucht haben muß. Wir fahren zum Mittagessen nach *Boschendal*, einer Farm mit kapholländischer Farmarchitektur. Rings um das Gutsgebäude wachsen alte Pinien und Eichen. Bereits 1885 pflanzten hier Hugenotten die ersten Weinreben. Das Restaurant offeriert echte französische Schlemmergerichte und einen der besten Rotweine des Landes. Im Museum kann man gegen ein kleines Entgelt erlesene Möbel und eindrucksvolles Porzellan der »Holländisch-Ostindischen Handelsgesellschaft« bestaunen.

Zuvor fahren wir allerdings zum 1679 gegründeten historischen *Stellenbosch* , nach Kapstadt die erste Siedlung in Südafrika, umgeben von hoch aufgefalteten Bergen. Rund um die Stadt liegen viele private Weingüter und Keller von Winzergenossenschaften. Im Frühling verwandelt sich die Landschaft in ein buntes Blütenmeer der Apfel-, Birnen-, Pfirsich- und Pflaumenbäume in den Obstgärten, während die Berghänge mit herrlichen Weinstöcken bedeckt sind. Die malerischen Straßenzüge der Stadt sind von prächtigen alten Eichen gesäumt, die der Gouverneur Simon van der Stel im 17. Jahrhundert hier pflanzen ließ. Davon stammt auch der Name »Town of oaks«. Die Stelle, an der van der Stel während seiner Landinspektion lagerte, nannte man in der Folgezeit »van der Stel's Busch«.

Sehenswert in der Universitätsstadt sind die alten Gebäude mit wunderschönen Giebeln, Patrizierhäuser im klassizistischen Stil mit flachem Dach und ein strohgedecktes Anwesen mit Lehmfußboden, weiß gekalkten Wänden, Feuerschutzdecke aus spanischem, mit Lehm verkleidetem Ried, wahrscheinlich das älteste erhaltene Haus Südafrikas. Stellenbosch, die »Stadt der Eichen«, auch durch seine Universität bekannt, an der seit alters her die Sprache Afrikaans unterrichtet wird, hat mich unwahrscheinlich beeindruckt.

Die »französische Ecke« ist berühmt für die Weine, die man hier zu kosten bekommt. Sie wurden eingeführt von den aus Frankreich geflüchteten Hugenotten. Das Denkmal in Franschhoek erinnert an die Gründung des Ortes durch diese Volksgruppe im Jahre 1688.

Wir besuchen noch *Franschhoek,* das seinen Namen »französische Ecke« nach einer Gruppe von

An den Hängen des Tafelberges erstrecken sich die sehenswerten »National Botanical Gardens« von Kirstenbosch. Einen Besuch solte man auf jeden Fall einplanen.

Hugenotten erhielt, die hier die Grundlage für die südafrikanische Weinindustrie, hervorragende Edelweine, Champagner und Cognacs legten. »Dieu Donne«, »La Brie«, »La Motte« und »La Provence« sind nur einige der damals kreierten Marken, die heute jedem Weinkenner Südafrikas ein Begriff sind. Das Weingut Rustenberg in Stellenbosch produziert seit 300 Jahren hervorragenden Wein. Meerlust, zwischen Kapstadt und Stellenbosch gelegen, hat einen guten Pinot Noir sowie einen Bordeaux-ähnlichen Rubicon. Boschendal ist bekannt für seinen Pinot Noir und Sauvignon Blanc, das Gut Constantia für einen außergewöhnlichen Sauvignon Blanc. Am Ortseingang von Franschhoek steht das 1938 eingeweihte Hugenotten-Denkmal, ein Monument aus Granit, das an die Vertreibung aus der europäischen Heimat erinnern soll. Die Zentralfigur stellt eine Frau dar, die in der rechten Hand eine Bibel hält. Die zerbrochene Kette symbolisiert die Befreiung von der religiösen Unterdrückung. Die drei Bögen dahinter stellen die Dreifaltigkeit dar. Das nahegelegene Museum widmet sich der Geschichte der Hugenotten und ist durchaus sehenswert.

Strecke

Kapstadt/Innenstadt – Simon's Town: 40 km;
Oatlands Campgrund Simon's Town – Kap der Guten Hoffnung: 26 km

Streckenführung

Kapstadt/Simon's Town (40 km) – Simon's Town – Oatlands Holiday Village (2 km) – Cape Point (23 km) – Cape of Good Hope (6 km) – zurück zur Kreuzung nach Cape Point (3 km) – Ausgang Nationalpark (11 km), – zurück nach Simon's Town (Oatlands Holiday Village, 9 km) oder *Ausflug nach Kapstadt.*
Ausgang Nationalpark: auf der M 65 nach Sedun Valley (28 km) – auf der M 6 nach Noordhoek und über Chapman's Drive nach Hout Bay (15 km) – weiter über Llandudno, Clifton und Sea Point nach Kapstadt (23 km)

Streckenlänge

Abstecher Kap der Guten Hoffnung und Cape Point: 53 km

Straßenzustand

In Kapstadt erstklassige Orts- und Fernstraßen. Auf der Halbinsel gute Teerstraßen, an einigen Stellen der Gebirgsstraßen (Hout Bay) eng und unübersichtlich.

Campingplatz

Simon´s Town/Oatlands Holiday Village,
Froggy Pound (Tel.021/786-1410, Fax 786-1162) 40 Caravanplätze, 29 Chalets, 16 Stands (220 Volt), Gas (3 km), 12 Duschen und Bäder, 16 Toiletten, 2 Waschautomaten, Restaurant, Swimmingpool

Sehenswert

Groote Kerk (1799),
Adderley Street, Eingang Church Square (Mo-Sa 10-14 Uhr, Tel. 021/461-7044) mit bemerkenswerter geschnitzter Kanzel. Der Glockenturm dieser Mutterkirche der Dutch Reformed Church stammt noch von 1703, das einzige Überbleibsel des einst prachtvollen früheren Gebäudes aus dem 17. Jhdt. Die Orgel mit ihren 6000 Pfeifen ist die größte der südlichen Welt. An den Wänden hängen Wappen der ersten Familien, die sich am Kap ansiedelten.

South African Cultural History Museum
49 Adderley Street (Di-Sa 9.30-16.30 Uhr, Tel. 021/461-8280) war ursprünglich (1685 erbaut) eine Unterkunft für 500 Sklaven, wurde später Postamt, Bibliothek und Sitz des Obersten Gerichtshofes. Im Hof mit Kopfsteinpflaster befinden sich Grabsteine von Jan van Riebeeck und seiner Frau Maria. Zur Straße hin, am Eingang zu den

Company's Gardens, zeigt es eine entzückende Fassade; im Innern befinden sich Ausstellungen.

St.George's Cathedral (1901), Wale Street (tgl. geöffnet, Eintritt frei), alte anglikanische Bischofskirche von Bischof Desmond Tutu, in die Mauern sind alte Originalsteine aus den Kathedralen von Winchester, Glastonbury und Westminster Abbey eingearbeitet. Die Kirche hat besonders schöne Buntglasfenster.

South African Museum
und Planetarium, 25 Queen Victoria Street (tgl.10-17 Uhr, Tel. 021/24-3330) mit Kultur der San und Khoikhois

South African National Gallery,
Government Avenue (Di-So 10-17, Mo 13-17 Uhr, Tel. 021/45-1628) neben dem Government House, mit Denkmal von General J.C.Smuts davor

Houses of Parliament (1814), Parliament Street und Government Avenue (Führungen Juli-Januar Mo-Fr 11-14 Uhr, Eintritt frei, Tel. 021/403-2911), ein eindrucksvolles Zeugnis der Kolonialarchitektur

Tynhuis (1751),
Amtssitz des Präsidenten Nelson Mandela

Jewish Museum,
84 Hartfield Street (Di, Do 14-17, Mi 9.30-12.30, So 10-12.30 Uhr)

Town House
55 Greenmarket Square (tgl.10-17 Uhr, Tel. 021/24-6367)
im Rokokostil errichtet, diente der Stadt bis 1905 als Rathaus; jetzt ist in dem weißen Haus mit den grünen Fensterläden die Michaelis Collection niederländischer und flämischer Malereien untergebracht

City Hall, Darling Street
(Tel. 021/461-7086) mit Glockenturm und majestätischer Silhouette, wurde 1905 nach einem preisgekrönten Entwurf des Architektenbüros Reid & Green im Stil der italienischen Renaissance erbaut. Der Turm ähnelt der Big Ben in London und besitzt ein Glockenspiel mit 39 Glocken. Hier finden Konzerte des Cape Town Symphony Orchestre statt

Castle of Good Hope,
Castle Street (tgl. 9.30-18 Uhr, Tel. 021/469-1111) ältestes von Weißen erbautes Gebäude des Landes (1666-79), das jahrhundertelang als Gefängnis diente und nach dem Zweiten Weltkrieg eine Kaserne war. Eine ständige Ausstellung gewährt Besuchern interessante Einblicke in das Leben am Kap im 17. und 18. Jh.

Victoria and Alfred Waterfront
Table Bay Harbour (Tel. 021/418-2369) Einkaufsstraßen, Nachtleben, Fischoreimuseum

Table Mountain Rotair (Tafelberg)
Tafelberg Road ((Tel. 021/24- 5148;

Mo-Fr 8-16.30, Sa/So 8-19.30 Uhr). Drahtseilbahn, 55 Rand

Weingut Groot Constantia
(tgl. 10-17 Uhr, Tel.021/794-5128 oder 794-5067) von Simon van der Stel erbaut. Das ehemalige Wohnhaus (1691) war die Residenz des damaligen Gouverneurs, der das Haus bis zu seinem Tod (1712) bewohnte. Das Gut ist seit dem 18.Jhdt für seine guten Weine bekannt. Beim Eingang gibt es ein kleines Museum, das die Geschichte des Landgutes dokumentiert. Nebenan liegt die Groot Constantia Tavern, wo man den hier angebauten Wein kosten kann.

National Botanical Gardens of Kirstenbosch
Rhodes Drive (tgl. April-August 8-18 Uhr, September-März 8-19 Uhr, Tel.021/7621-1166 oder 7621-4916)

Cape of Good Hope Nature Reserve
(Eintritt: 10 Rand) Cable Car: 10 Rand (hin und zurück)

Die »Stadt der Eichen« – Stellenbosch – besitzt sehenswerte Gebäude im kapholländischen Stil, wie die hier abgebildete weißgekalkte St. Mary's Church.

16
A
17
B
18
A
19
B

KÜSTEN-ROUTE

Von Kapstadt nach Mossel Bay

Vom atemraubenden Cape Point entlang einer traumhaften Küstenroute mit wunderschönen Panoramen zu beliebten Urlaubszielen der Kapstädter. Blick auf die blauschimmernde Silhouette der Kapberge. Malerische kleine Fischerdörfer und ehrwürdige alte Städte mit kapholländischen Kolonialhäusern. Am südlichsten Punkt des afrikanischen Kontinents.

Auf der Küstenstraße

Sehr früh machen wir uns bei strahlender Sonne auf von Simon's Town, das der Holländischen Ostindiengesellschaft als Ankerplatz während des Winters diente, wenn in der Tafelbucht steife Brisen erhebliches Unheil anrichteten, nach *Muizenberg*, dessen Name auf Willem Muys zurückgeht, einen örtlichen Befehlshaber des 18. Jahrhunderts. Herrschaftliche Villen der Bergbaumagneten wechseln mit Häusern im Stil der »goldenen« Zwanziger und Dreißiger. Hier erblicken wir bereits die False Bay; sie hat ihren Namen von Seeleuten, die diese Bucht mit der Table Bay auf der anderen Seite der Kap-Halbinsel verwechselt hatten. Dann passieren wir Fish Hoek, die »trockene Gemeinde«, wo außer in Hotels und Restaurants kein Alkohol verkauft werden darf. Das geht auf Lord Charles Somerset aus dem Jahre 1818 zurück, der Fish Hoek als Farm gründete, aber Brandy und andere alkoholische Getränke verabscheute, weshalb er diese Getränke verbot. Schließlich kommen wir nach Kalk Bay, das nach den Öfen benannt wurde, in

Das Weingut Boschendal ist nicht nur ein wunderschönes Beispiel kapholländischer Architektur. Hier kann man auch vorzüglich speisen und (natürlich) den vorzüglichen Wein probieren.

Streckenführung:

Wir verlassen den Oatlands Campground in Simon's Town/Kapstadt und fahren auf der M 4 in nördlicher Richtung über Fish Hoek nach Muizenberg. Hier wählen wir die R 310, die uns entlang der Strände an der False Bay 45 km nach Abfahrt von Simon's Town zur N 2 bringt. Auf dieser fahren wir in östlicher Richtung ca. 23 km und erreichen Strand. Wir folgen der R 44 und befinden uns ca. 35 km nach der Abzweigung von der N 2 an der Beach der Stadt. Wir passieren Silversands und Betty's Bay, bis wir 56 km hinter Strand Kleinmond erreichen. Etwa 14 km nach Kleinmond kommen wir zur Kreuzung mit der R43, der wir Richtung Hermanus folgen, das wir nach 19 km erreichen. Nach weiteren 28 km auf der R 43 gelangen wir zur R 326, der wir auf den nächsten 24 km bis zur Kreuzung mit der R 316 folgen. Wir biegen rechts auf die R 316 Richtung Bredasdorp, die wir am Abzweig auf die R 319 wieder verlassen. Über Napier (29 km hinter dem Abzweig auf die R 319) erreichen wir Bredaskop (ca. 14 km nach Napier). Hier unternehmen wir einen Ausflug zum Cape L'Algus (79 km hin und zurück). Das Etappenziel Waenhuiskrans (Arniston) mit dem Caravan Park (rechts der Straße vor dem Ort) erreichen wir 24 km hinter Bredasdorp.

Am nächsten Tag fahren wir zuerst 24 km zurück nach Bredasdorp und wählen die R 319 nach Norden. Auf ihr gelangen wir nach ca. 61 km zur N 2, die uns nach ca. 11 km Fahrt in Richtung Osten nach Swellendam führt. Zurück auf die N 2 passieren wir u.a. die Ortschaften Heidelberg (51 km) und Riversdale (weitere 31 km), bevor wir nach ca. 90 km nach Mossel Bay gelangen (ab Waenhuiskrans insgesamt ca. 274 km). Hinter der Stadt fahren wir auf die N 2, die wir am Little Brak River verlassen, bis zum Stopschild fahren, uns dort links halten, um 200 Meter weiter an eine T-Kreuzung zu gelangen, an der wir rechts abbiegen, um noch 4 km weiterzufahren. Die letzten 500 Meter zum Riverside Holiday Resort sind Schotterpiste.

denen die Muscheln verbrannt wurden, um Kalk zu gewinnen, und zum Badeort St.James mit seinen knallbunten Umkleidekabinen.

Mal schmal, mal holprig, mal gut ausgebaut, immer kurvenreich, zieht sich der sogenannte Clarence Drive an der steilen, schroffen Küste entlang. *Strand,* das wir bald erreichen, ist ein hübsches Städtchen. Mit Blick auf das Meer könne wir gemütlich zu Mittag essen. Weiter geht die Fahrt die schöne Küstenstraße entlang. *Kleinmond* erwartet uns mit einem schönen Strand, allerdings gewaltiger Brandung. Die Ortschaft zwischen Hermanus und Betty's Bay bietet in einem Umkreis von fünf Kilometern einen Querschnitt aller Landschaftsformationen des westlichen Kap: Meer mit Dünen, Felsenküste und Flüsse,

Wer in das Städtchen Strand kommt, hat nur eines im Sinn: Schwimmen, Surfen und Sonnetanken am langen weißen Sandstrand. Gibt es etwas schöneres für einen Erholungsurlaub?

Höhlen und Feuchtgebiete, Strandgras und Fynbos. Was Sylt für die Deutschen, das ist *Hermanus* für die Südafrikaner, bestehend aus altmodischen Häuschen und hübschen Ferienhauskolonien, kleinen Gäschen und eleganten Einkaufspassagen. Der holländische Lehrer Hermanus Pieters, der im Jahre 1830 mit seiner Schafherde an einer nahe gelegenen Wasserquelle sein Lager aufschlug, gilt als erster Bewohner. In der Zeit von Juni bis Oktober soll man hier die Wale mit ihren Kälbern von Booten aus beobachten können. In der Umgebung des Ortes erheben sich felsige Hügel, die an das schottische Hochland erinnern.

Mehrmals müssen wir jetzt die Routenstraßen wechseln und gelangen über *Napier* nach *Bredasdorp*, nach Michiel van Breda benannt, der Schafzüchter war und 1838 erster Bürgermeister wurde. Als die Stadt 1838 entstand, zerstritten sich die frommen Farmer über den geeigneten Standort der zu bauenden Kirche dermaßen, daß die einen sofort mit dem Bau begonnen, die anderen errichteten etwas entfernt davon ein eigenes Gotteshaus, um das sich allmählich das Örtchen Napier gruppierte.

Historische Gebäude und südlichster Punkt des afrikanischen Kontinents

Unser Tagesziel heißt *Waenhuiskrans*, das seinen Namen der in der Nähe gelegenen großen Höhle in den Klippen verdankt, die mehrere Ochsenwagen aufnehmen kann. Die manchmal auch Arniston genannte Ortschaft (nach einem Truppentransportschiff, das 1815 vor der Küste unterging) bietet einen langen weißen Sandstrand. Einige der alten Fischerhäuschen wurden aufwendig restauriert, ebenso entstand eine luxuriöse Ferienhaussiedlung.

Bevor wir zum Campingplatz fahren, machen wir noch einen Abstecher zum südlichsten Punkt des afrikanischen Kontinents, zum *Cape Agulhas*, das seinen Namen vom portugiesischen »agulhas« (Nadel) herleitet, weil an dieser Stelle die Kompaßnadeln der ersten portugiesischen Seefahrer direkt nach Norden zeigten. Erst hier treffen Atlantik und Indischer Ozean aufein-

Ab der Ortschaft Strand beginnt die traumhafte Küstenroute mit wunderschönen Panoramen und beliebten Urlaubszielen der Südafrikaner. Wir befinden uns wirklich in einem Erholungsgebiet auf einer der schönsten Küstenstraßen der Welt.

Bei Kleinmond erwarten den Reisenden wilde Strände mit Dünen und eine Felsenküste, an der man zwischen Juni und Oktober zahlreiche Wale beobachten kann. Die Tiere kommen hierher, um zu kalben.

ander. Der südlichste Punkt von Afrika wird durch eine kleine Tafel angezeigt, auf der eine Kompaßnadel nach Norden zeigt. Während der Atlantik und der eiskalte Benguelastrom an der Westseite Südafrikas eine unfruchtbare Wüste schufen, bescherte der Indische Ozean und der warme Agulhasstrom der Ostküste eine üppige subtropische Vegetation. Das Kap selber ist mit seinen bräunlichen Felsen, auf denen sich hin und wieder Möwen niedergelassen haben, wenig spektakulär und keineswegs mit dem bekannten Kap der Guten Hoffnung vergleichbar. Der Leuchtturm, der heute ein Museum beherbergt, wurde 1849 nach dem Vorbild des Leuchtturms von Alexandria in Ägypten errichtet und ist nicht nur der zweitälteste des Landes, sondern auch der südlichste ganz Afrikas. Hinter dem Horizont beginnt die Antarktis. Hier gibt es tückische Strömungen, denen bereits viele Schiffe zum Opfer fielen. 124 Wracks in unmittelbarer Nähe zeugen davon.

Der folgende Tag führt uns hoch auf einen Paß durch eine eintönige Landschaft. Wir sehen Schafe auf Wiesen, und die Sonne scheint uns direkt ins Gesicht, denn hier in Südafrika steht sie immer im Norden.

Dann erreichen wir *Swellendam*, das von den eindrucksvollen Gipfeln der Langeberg-Bergkette beherrscht wird. Die neben Tulbagh drittälteste Ortschaft Südafrikas wurde von den Holländern gegründet und nach dem Gouverneur Hendrik Swellengrebel und seiner Frau, Helena ten Damme, benannt. Die alten Eichenalleen und viele gut erhaltene historische Gebäude machen die Stadt, eine der ältesten am Kap, sehenswert. Die alte Landvogtei, Drostdy genannt, ist heute Museum, in dem man schöne alte Möbel sehen kann. Ich nutze

Beim Bau der Kirche in Bredasdorp entbrannte über den geeigneten Standort ein heftiger Streit. Wichtiger ist, daß von hier eine Straße nach Cape L'Agulhas, dem südlichsten Punkt des afrikanischen Kontinents.

Erst am Kap Agulhas, und nicht m Kap der Guten Hoffnung, treffen Atlantik und Indischer Ozean aufeinander. Malerisch steht der alte Leuchturm auf dem Felsen über dem Meer; er beherbergt heute ein Museum.

Entlang der Küste mit den kleinen Küstendörfern befinden sich, wie hier der stolze Angler in Hotagterklip zeigt, ertragreiche Fischfanggebiete.

die Gelegenheit zu einem ausgiebigen Frühstück in einem der schönen Hotels und genieße die Stille eines geruhsamen Tages, von dem ich wünsche, er würde niemals enden.

Zurück auf der autobahnähnlichen N 2 gelangen wir nach Heidolberg, am Fuße des 1903 m hohen Suikerbosrand gelegen und 1862 vom deutschen Kaufmann H.J. Ückermann gegründet. Die jetzt folgende kurvenreiche Strecke führt direkt zu unserem nächsten Ziel, *Mossel Bay*, einem Ferienort mit schönem Badestrand, Endpunkt der berühmten Garten-Route.

Muschelbucht

In der »Muschelbucht« setzte 1488 Bartolomaeu Diaz als erster Europäer seinen Fuß auf südafrikanischen Boden; ihm folgte 1497 Vasco da Gama. Eine der beiden Karavellen von Diaz wurde nachgebaut und segelte von Portugal 1988 hierher, wo sie seitdem im einstigen Sägewerk, heute Museum, zu bewundern ist. In Mossel Bay trafen die weißen Siedler auch erstmals auf die Khoikhoi (Hottentotten). 1596 gelangte der Niederländer Cornelius de Houtman in die Bucht, die er wegen der vielen hier gut gedeihenden Muscheln »Muschelbucht« nannte. Nach anderen Quellen erhielt die Gegend den Namen 1601 von dem holländischen Seefahrer Paulus van Caerden, der sich hier ausschließlich von Muscheln ernähren mußte.

Noch heute steht in Mossel Bay auch der älteste Briefkasten des

Landes unter einem über 500 Jahre alten Milkwood-Baum, dessen knorrige Äste bis zum Boden hinunter reichen. Ein Seemann deponierte auf einer Ostindienfahrt 1501 eine Nachricht in einem Stiefel, den er in den Baum hängte. Die Nachricht wurde später von anderen Seeleuten gefunden und führte zu dem bis heute erhaltenen Brauch. Man kann seine Post in einen Briefkasten in der Form eines Seemannsstiefels einwerfen, und sie bekommt dann einen Sonderstempel. Unter dem Baum sprudelt eine Süßwasserquelle, die seit der Entdeckung durch Diaz niemals versiegt ist.

Unser Campingplatz für die folgende Nacht am Little Brak River entpuppt sich als hübsche Anlage, ist allerdings etwas schwierig zu finden. Dafür entschädigt uns eine wunderschöne Umgebung mit herrlicher Seenlandschaft.

In Mossel Bay, wo man am Strand Muscheln sammeln kann, sollte man die Gelegenheit zu einem Imbiß mit Meeresfrüchten nutzen. Hier kann man auch den Kühlschrank im Wohnmobil auffüllen.

Cape Town
Kapstadt
West Coast NP
West Coast NP
Velddrif
Vredenburg
Saldanha
Hopefield
Piketberg
Porterville
Olifantsrivier
Groot Bergrivier
Tulbagh
Wolseley
Ceres
Hottentotskloof
Hermon
Wellington
Paarl
Durbanville
Parow
Bellville
Tafelberg
1087
Muizenberg
Simonstad
Cape Point
Strand
Somerset West
Kleinmond
Caledon
Mermanus
Gansbaai
Oukraal
Bredasdorp
L'Agulhas
Weanhuiskrans
R44
R320
R43
R326
R316
R319
N 7
N 2
N 1
Worcester
De Doorns
Touwsrivier
Robertson
Montagu
Stormsvlei
Swellendam
Marloth NR
Bontebok NP
Breede
De Hoop NR
Witsand
Berrydale
Heidelberg
Riversdal
Matjiesfontein
Laingsburg
Koup
Leeu-Gamka
Dwyka
Gamkarivier
Ladismith
Prince Albert
Seekoegat
Cango Caves
De Rust
Oudtshoorn
Olifantsrivier
George
Herold
Klein-Brakrivier
Mossel Bay
R 29

Strecke

Kapstadt – Waenhuiskrans: ca. 278 km
Waenhuiskrans - Klein Brak River/-Mossel Bay: ca. 298 km
Abstecher Cape L'Agulhas: 79 km

Streckenführung

Kapstadt – Waenhuiskrans/Arniston
Oatlands Holiday Village/Simon's Town– Muizenberg (18 km) – Über die M 7 auf die N 2 (Richtung Sommerset) (27 km) – Strand (23 km) – Strand (Beach) (12 km) – Auffahrt Pringle Bay (27 km) – Kleinmond (19 km) – Abzweig nach Hermanus (R 43, 14 km) – Hormanus (19 km) – Abbiegen auf die R 326 (28 km) – Abbiegen auf die R 316 (24 km) – Abbiegen auf die R 319, Napier (29 km) – Bredasdorp (14 km) – Abstecher Bredasdorp – Cape Agulhas – Bredasdorp (79 km) – Waenhuiskrans/Arniston (24 km)

Waenhuiskrans/Arniston – Little Brak River
Bredasdorp (24 km) – Abbiegen auf die R 319 zur N 2 (Richtung Swellendam) (61 km) – Swellendam (11 km) – Zurück auf die N 2 (Richtung Heidelberg, 6 km) – Heidelberg (51 km) – Riversdale (31 km) – Mossel Bay (90 km) – Zurück auf die N 2 und Abzweig nach Little Brak River (21 km) – Little Brak River/Riverside Holiday Resort (5 km) – Zurück auf die N 2 (Richtung George, 5 km) – Auf der R 102 nach George (31 km) – Zurück auf die N 2 (Richtung Wilderness, 11 km) – Outlook Kaaimans River bei Wilderness (15 km) – Zurück auf N 2 nach Great Brake (37 km) – Little Brak River (8 km) – Riverside Holiday Resort (5 km)

Streckenlänge

Direktroute: ca. 330 km (bis Waenhuiskrans) und 298 km (bis Klein Brak River)
Gesamtstrecke mit Abstechern: 707 km

Straßenzustand

Autobahnähnliche N 2 erstklassig. R 310, R 44, R 43, R 326, R 316 und R 319 gut.

Campingplätze

Swellendam/Swellendam Caravan Park
Nahe dem Haus Morgenzon, mit herrlichem Blick auf die Berge, gibt es den *Swellendam Caravan Park* (Tel. 0291/4-2705, Fax 4-2694) mit hübschen strohgedeckten Bungalows.

Waenhuiskrans/Armiston
Bei Bredasdorp: *Waenhuiskrans Caravan Park* (Tel. 02847/59620), 116 Standplätze für Caravans und Zelte,

22 Unterkünfte, 116 Stands (220 Volt), Gas (300 m), 18 Duschen und 18 Bäder, 18 Toiletten, 5 Waschanlagen, Kinderspielplatz, Restaurant (300 m)

Mossel Bay/Diaz Beach
Am schönen Diaz Beach empfiehlt sich *De Bakke Santos,* Louis Fourier Road (Tel. 0444/91-2215, Fax 91-1912) mit Campingplätzen und 2-Schlafzimmer-Chalets.

Mossel Bay/Little Brak River
Riverside Holiday Resort (Tel. 0444/96-6061, Fax: 96-6647), 92 Standplätze für Caravans und Zelte, 11 Unterkünfte, 48 Stands (220 Volt), Gas, 16 Duschen und Bäder, 12 Toiletten, 4 Waschanlagen, Kinderspielplatz, Swimmingpool, Restaurant (3 km)

Gegenüber der alten Landvogtei (Drostdy) in Swellendam mit sehenswertem Museum kann man gepflegt und in hübscher Umgebung speisen.

Sehenswert

Swellendam/Old Drostdy
18 Swellengrebel Street (Mo-Fr 9-17, Sa-So 10-16 Uhr, Tel. 0291/41138)

Mossel Bay/Bartolomaeu Diaz Museum,
Market Street (Mo-Fr 9-17, Sa 10-13 Uhr, Tel. 0444/91-1067) mit einer Nachbildung der Karavelle des portugiesischen Seefahrers Bartolomaeu Diaz ; *Post Office*

GARTEN-ROUTE

Von Mossel Bay nach Port Elizabeth

Auf der berühmten Gartenroute. Land der Bilderbuch-Lagunen und feinsandigen Strände, des faszinierenden Regenwaldes und zauberhafter Ortschaften. Straußenfarmen und Tropfsteinhöhlen. Der berühmte Outeniqua-Choo-Tjoe und der Elefanten-Nationalpark.

Auf der berühmten Gartenroute

Die folgenden Tage führen uns eine der herrlichsten Strecken Südafrikas entlang. Die Gartenroute zwischen Mossel Bay im Westen und Storms River sowie Tsitsikamma National Park im Osten zählt zu den schönsten Küstenstraßen der Welt. Sie bietet vor der Kulisse der steil aufragenden, blauviolett schimmernden Gebirgsketten einen phantastischen Ausblick auf einsame Küstenbuchten, feinsandige Strände, schöne Lagunen und schroffe Felsklippen und führt teilweise durch dichte Urwaldgebiete mit zahlreichen attraktiven Ferienorten. Hier reihen sich Baum- und Blumenreservate, Staatsforste und Vogelschutzgebiete aneinander, ausgestattet mit Wetterhäuschen, Informationstafeln, Wanderpfaden, Feuerstellen und Abfallbehältern. Die Fahrt geht durch malerische Landstriche mit endlosen Pinien- und Eukalyptushainen hinter blühenden Straßenbäumen an kurvigen Strecken entlang über Schluchten mit überraschenden Blicken auf das Meer. Neben den menschenleeren Stränden und üp-

Das Riverside Holiday Resort liegt wunderschön am Little Brak River und ist der geeignete Ort, zu entspannen und »Natur zu tanken«.

Streckenführung

Auf der N 2 geht die Reise weiter Richtung Osten. Über George wird nach ca. 50 km der Kaaimans River und später Wilderness erreicht. Abstecher führen nach Buffel's Bay (hin und zurück 19 km) und Brenton on Sea (hin und zurück 18 km). Nach weiteren 14 km auf der N 2 gelangen wir nach The Head im Städtchen Knysna. Zum Mittagessen in Knysna Heads verlassen wir die N 2 und biegen in den George Rex Drive, wo sich am Ende der Straße das Restaurant »Cranzgots« befindet. Auf der N 2 fahren wir nun noch die verbleibenden 38 km bis Beacon Hill in Plettenberg Bay. Zum Aventura Keurbooms Campground kurz vor der Mündung des Keurbooms River gelangen wir ca. 8 km hinter Beacon Hill.
Zurück auf der N 2 fahren wir am nächsten Tag weiter Richtung Osten auf der Gartenroute 26 km bis zum Abzweig Nature's Valley. Von dort zurück auf die N 2 gelangen wir zum Abzweig nach Stormsriver Mouth (ca. 35 km). Der Abstecher zum Tsitsikamma National Park (Stormsriver Mouth) beträgt ca. 9 km.
Zurück auf der N 2 überqueren wir kurz danach die Paul Sauer Bridge, um nach 68 km auf der N 2 vor Humansdorp noch einen Abstecher auf der R 102 nach Jeffrey's Bay zu unternehmen, das nach ca. 32 km erreicht wird. Von hier in nördlicher Richtung wieder zurück zur N 2, erreichen wir 68 km hinter Jeffrey's Bay schließlich Port Elizabeth und nach 5 km den Abzweig auf die R 102, die als Cape Road und später als Russell Road in die Stadt führt. Auf ihr gelangen wir zur M 4, die hier als North-South-Freeway durch die Stadt verläuft. An dessen Ende kommen wir auf die Humewood Road, die aus Port Elizabeth hinaus direkt nach Summerstrand/Cape Receife Nature Reserve führt (10 km hinter dem Abzweig auf die R 102).

pigen tropisch bewaldeten Bergketten, die bis zur Küste reichen, überraschen die wilden Flüsse, die sich tiefe Canyons gegraben und an den flacheren Küstenabschnitten wunderschöne Lagunen gebildet haben.

Die Gartenroute erstreckt sich mit üppiger Pflanzenwelt, grünen Wäldern, idyllischen Lagunen und tiefeingeschnittenen Flußtälern vor der Kulisse einer blauviolett schimmernden Ketten von Gebirgszügen, die bis zu 1000 m hoch aufragen. Die Küste bildet ein Plateau, das teilweise in steilen Klippen zum Indischen Ozean abbricht und sich in langen weißen Stränden öffnet. In den dahinterliegenden Outeniqua- und Tsitsikamma-Bergen entspringen kleine Flüßchen, die in den Indischen Ozean münden.

Im Seengebiet des Wilderness Nationalparks

Das gesamte Gebiet zwischen Knysna und Wilderness ist bekannt unter dem Namen »Lake District«, weil die N2 durch eine Landschaft teilweise miteinander verbundener Seen (Vleis) und ehemaliger Lagunen führt, die durch einen schmalen Dünengürtel von der Küste getrennt sind. Während der südlich der N2 gelegenen Groenvlei ein reiner Süßwasser-See ist, führen die nördlich der N2 gelegenen Seen Lower Langvlei, Upper Langvlei, Rondevlei und Swartvlei (der größte dieser Seen) Salzwasser. Von *Sedgefield* bis Wilderness erstreckt sich der »Wilderness National Park«, eine fünf Seen und fünf Flüsse umfassende Süßwasserseenlandschaft in unmittelbarer Nähe des Ozeans, dessen Lagunen der Swartvlei mit dem Meer verbindet.

Uns führt zunächst ein kurzer Abstecher von der N 2 hinunter in das Städtchen George, das malerisch am Fuße der hohen Outeniqua-Berge auf einem Küstenplateau liegt und 1811 nach dem damals regierenden englischen König George III. benannt wurde. Es gibt ungewöhnlich viele Bäume und eine große Auswahl von Restaurants in diesem Ort. In der Dutch Reformed Church St.Peter und St.Paul bewundern wir eine wunderschöne Kanzel, die ganz aus dem Holz eines Stinkwood-Baumes geschnitzt wurde. Pfeiler

Das Groot Brakrivier ist ein phantastisches Erholungsparadies mit Sandstränden, Lagunen und Wasserwegen sowie touristischer Infrastruktur.

Wir fahren hinein nach George, wo die Dutch Reformed Church St. Peter & St. Paul sehenswert ist. Die Ortschaft liegt direkt am Verkehrsknotenpunkt zur Gartenroute im Osten und zu den Straußenfarmen des Nordens.

und Kuppel der Kirche wurden aus Yellowwood gefertigt. Die N 2 führt von Süden über die vierspurige York Street in das weitläufige Stadtgebiet bis zur querenden Coutrenay Street, die ihrerseits im Westen nach Oudtshoorn und in östliche Richtung nach Wilderness führt. In Oudtshoorn, nach der Baronessa Gesina E.J. van Rheede van Oudtshoorn benannt, der Frau des damaligen Verwaltungskommissars von George, war ich bereits in früheren Jahren. Es ist eine durchaus lohnenswerter Ausflug zu den Straußenfarmen in der Umgebung der Stadt, wo man Wissenswertes über den flugunfähigen großen Vogel erfahren und Eier als Omelettes sowie Straußenfleisch kosten kann. Auch locken die Cango Caves, denn an der Decke der eindrucksvollen Tropfsteinhöhlen bilden sich herabhängende Stalagtiten. Am Boden wachsen ihnen Stalagmiten entgegen. Manchmal verbinden sich beide zu Stalagnaten als durchgehende Tropfsteinsäulen. Zu den interessantesten Tropfsteingebilden gehören die »Orgelpfeifen«, die »Kleopatranadel« und der

Wer hält sich am längsten auf dem Rücken eines Straußes auf einer Farm in Oudtshoorn? Diese Japanerin benötigt offensichtlich Hilfe.

»gefrorene Wasserfall«. Doch wir sind in Zeitnot und sparen uns diesmal diesen Abstecher.

Wir halten uns in Richtung Wilderness und erreichen die Mündung des Kaaimans River. Von einer Anhöhe an der N 2 mit einer Unterführung unter der Straße überschauen wir den endlosen Strand, die Wellenberge, den weichen Schaumteppich der Brandung sowie den elegant gewundenen Viadukt der Bahnstrecke des berühmten Outeniqua-Choo-Tjoe in der Schlucht des Kaaiman River. Pünktlich um 11 Uhr kommt der Zug aus dem Tunnel und dampft über die Brücke. Das Licht zum Fotografieren ist jetzt, wo die Sonne vom Osten scheint, genau richtig. Wir waren bereits am Vortag hier und ich konnte den berühmten langen weißen Strand bei Wilderness, auf den wir nach Osten schauen, im günstigen Nachmittagslicht fotografieren. Dort, wo sich die langen Wellen mit fein gelbweißen Sand vereinen, bildet sich eine Brandung wie schwach geschlagene Sahne, die flauschig zerfließt. Es lohnt durchaus, besonders interessante Sehenswürdigkeiten zu verschiedenen Tageszeiten aufzusuchen.

Wilderness, einer der beliebtesten Übernachtungsorte für alle Reisende, welche die Garten-Route erkunden wollen, begeistert immer wieder mit seinen goldfarbenen, langen Sandstrand, der sich bis zur Mündung des Touw River hinzieht und zu den schönsten an der Ferienküste zählt. Er bietet ausgezeichnete Gelegenheiten zum Schwimmen, Surfen, Angeln und Kanu fahren.

Zwischen Wilderness und Knysna säumen zahlreiche Seen und Lagunen die gut ausgebaute Straße. Wir machen mehrere Ausflüge zur Küste, wobei besonders gut *Buffel's Bay* und

Brenton on-Sea zu gefallen haben, reizende Ferienorte mit traumhaften, endlos langen Sandstränden. Die mit Fynbos bedeckten Hänge fallen bei Brenton on-Sea zum acht Kilometer langen weißen Sandstrand und zum tiefblauen Meer ab – es ist ein unbeschreiblich schöner Anblick.

Unsere Stimmung ist heiter wie das Wetter, als wir in dem reizvollen Städtchen *Knysna* (»Naisna« ausgesprochen) ankommen. Die Gründung der Stadt, deren Namen vom Khoikhoi-Wort für »Farn« kommt, geht auf den britischen Einwanderer George Rex zurück, der sich hier 1804 ansiedelte, in großen Verhältnissen lebte und angeblich vom englischen Königshaus abstammte. Der größte und schönste Ferienort an der Küste hat sich seinen geruhsamen Charme bewahrt und bietet zahlreiche Gelegenheiten zum

Traumhaft ist der endlos scheinende Sandstrand bei Wilderness. Besonders schön ist es am späten Nachmittag, wenn die Sonne die ersten Schatten wirft.

Eigenartige, von der Natur gemeißelte Felsformationen prägen die Küste von Buffel's Bay, wo das Meer eine tiefblaue Farbe annimmt und sich schneeweiße Dünen langziehen.

Shopping und Bummeln. An den sanft ansteigenden Ufern einer riesigen Lagune, einer erweiterten Mündung des Knysna River gelegen, wird seine Zufahrt vom Meer aus durch die beiden Heads of Knyna bewacht, zwei große Sandsteinfelsen sowie durch ein Korallenriff. In

der Lagune tummeln sich Angler, Taucher, Windsurfer und Segelfreunde. Wir nutzen die Mittagspause im Restaurant »Cranzgots« am Ende des George Rex Drive zu einem opulenten Mahl mit Fischspezialitäten. Knysna ist berühmt für seine Austern.

Bilderbuch-Lagunen und schroffe Meeresklippen

Weiter auf der mautpflichtigen N 2 erreichen wir an einer wunderschönen, weißsandigen und weitgeschwungenen Bucht die Ortschaft *Plettenberg Bay*, die sich zu einer geschäftigen Stadt entwickelt hat, zugleich aber einen langen Sandstrand und herrliche, windgeschützte Lagunen bietet. Zu beiden Seiten der Hotelinsel Beacon Island befinden sich attraktive Badestrände, wo sich das Meer an schönen Tagen jadegrün und der Himmel agäisblau zeigen. Von dem portugiesischen Seemann Manuel de Perestrello im 16. Jahrhundert »Baia Formosa« (Schöne Bucht) getauft, liegt diese Stadt tatsächlich wunderschön zu Füßen einer beeindruckenden Bergkette. Seinen Namen verdankt die Stadt dem Gouverneur Baron Joachim von Plettenberg, der dieser Bucht 1779 seinen Namen gab. Am Hang türmen sich hübsche Ferien- und Alterssitze in sehr geschlossener Bauweise, so daß die Stadt aus der Ferne an eine befestigte mittelalterliche Stadt erinnert. Diese paradiesisch anmutende Gegend mit Villen, Gästehäusern und Hotels ist eine Domäne der Weißen geblieben. Über uns strahlt die Sonne von einem wolkenlosen Himmel, wie man es von einem Traumurlaub erwartet.

Die große und etwas laute Caravan-Anlage bietet immerhin die Möglichkeit, mit Kanus am Ufer des

Brenton on-Sea ist ein reizender Ferienort mit guter touristischer Infrastruktur für erholungsuchende Einheimische wie Fremde.

Keurbooms River entlang zu paddeln. Das Wasser zeigt wegen der vielen Eisenverbindungen eine braune Farbe, ist jedoch sauber. Ich erblicke die Spitzen eines mächtigen Sandsteinmonuments, das die Meereswellen geschaffen haben – den eindrucksvolle Felsen des Cathedral Rock. Unablässig rollen die türkisfarbenen Wellen gegen die Küste, türmen sich zu riesigen Brechern mit perlweißen Schaumkronen auf und lösen sich zwischen den Felsen in einer brodelnden See aus Schaum und Gischt auf.

Um weiter der Küste zu folgen, entscheiden wir uns für die reizvolle R 102, die sich kurvenreich in die Schluchten des Bloukrans River windet. Die eindrucksvollen Aussichten und herrlichen Landschaftsbilder belohnen den Zeitaufwand, den wir gerne in Kauf nehmen, um über die spektakulären Pässe Bloukrans und Groot River zu fahren. Dagegen umgeht die autobahnähnliche N 2 die Pässe und überquert auf der langen Bloukrans Bridge die tiefe Schlucht des Bloukrans River. Wir verlassen also die mautpflichtige N 2 und lenken unser Wohnmobil bei strahlendem Sonnenschein durch eine wildromantische Szenerie. *Nature's Valley* ist von schattigem Regenwald und Mangrovensümpfen umgeben. Der weiße Sandstrand und die Bilderbuch-Lagune an der schmalen Mündung des Groot River Deltas erstreckt sich vor dem Hintergrund wolkengekrönter hoher Tsitsikamma-Berge

Knysna hat sich seinen geruhsamen Charme bewahrt . Im Bild: die alte St.-George's Church.

und ist Endpunkt des berühmten Otter Trail. Bei strahlendem Sonnenschein unter azurblauem Himmel rollen wir durch eine einzigartige Landschaft.

Noch vor der Paul Sauer Bridge biegen wir auf einen Nebenweg links zum Parkeingang des Tsitsikamma Küsten-Nationalparks ein, als *Tsitsikamma National Park* ausgeschildert. Er erstreckt sich über viele Kilometer zwischen Groot River Mouth und Plettenberg Bay mit atemraubenden Ausblicken auf den wallenden Gürtel mit dichtem Buschwerk und rauschenden Bergflüssen zu den schroffen Meeresklippen. An den flachen Küstenabschnitten erstrecken sich wunderschöne Lagunen. Auf steiler Strecke erreichen wir das Storms River Mouth Restcamp, das sich als eine großartige Terrassenanlage mit geräumigen Bungalows, einem Laden- und Restaurantkomplex, Schwimmbad und Informationskiosk sowie gepflegten Park-, Zelt- und Caravanplätzen erweist, leider allerdings ohne power stations für die Wohnmobile. Wir machen einen kurzen Spaziergang zum Storms River Mouth, der dramatischen Flußmündung zwischen hohen Felswänden. Im sanften Abendlicht liegt die Landschaft hingehaucht, wie von einem französischen Expressionisten gemalt.

Kostbare Nutzhölzer in faszinierenden Wäldern

Von der Paul Sauer Bridge, die sich über den Storms River in einem einzigen Bogen 190 Meter zwischen Berghängen spannt, genießen wir einen eindrucksvollen Rundblick auf die Berge und in die tiefe Schlucht. Vor der kühn entworfenen Brücke laden ein Restaurant, Rasthaus, Parkplatz mit Tankstelle und ein kleines Waldmuseum zum Verweilen ein.

Drei Kilometer vor der Brücke erhebt sich der gigantische 37 Meter hohe Yellowwood »Big Tree«, der 800 Jahre alt ist. Er steht mitten im »Tsitsikamma Forest National Park«, der

In Knysna darf der Besuch von Heads of Knysna nicht fehlen.

Die Brokenhill Falls sind nur einige der wenig bekannten Sehenswürdigkeiten abseits der Hauptroute. Hier befinden sich gewaltige Bäume und lauschige Erholungsplätze.

zum Schutz des einzigartigen Urwaldes der südlichen Kapprovinz gegründet wurde und sich durch immergrüne Schluchten längs des Storms River hinzieht. Der faszinierende Wald beherbergt zahlreiche Arten der einheimischen Bäume; einige liefern seltene und schöne Nutzhölzer wie das Stinkwood (Erlenholz) und das Yellowwood (Gelbholz), das vor allem für Möbel, Fußböden und Zimmerdecken verwendet wird. Die mindestens 200 Jahre alten Stinkwood-Bäume, die ihren Namen von dem etwas unangenehmen Geruch des frisch geschnittenen Holzes haben, besitzen braungelbe bis nahezu pechschwarze Farben. Im märchenhaften Urwald gedeihen auch Redwood (Eisenholz), Candlewood (wilde Oliven) und Cape Ash-Bäume.

Auf der Fahrt vom Tsitsikamma Nationalpark nach Port Elizabeth machen wir einen Abstecher über *Jeffrey's Bay*, das sich zu einem größeren Touristenort entwickelt hat und gute Möglichkeiten für Wellenreiter und Surfer bietet. Noch 1849 bestand der Ort lediglich aus einem Warenlager, das nach einem der Geschäftsinhaber, Joseph Avent Jeffrey, benannt war. Dazu biegen wir vor dem kleinen Städtchen *Humansdorp* von der N 2 ab und gelangen in eine flache trockene Küstenebene mit Weidezäunen, Schafen und Kühen. Die Bucht mit der Mündung des Kromme River bildet den Endpunkt der Garten-Route. An kleinen Gehöften und Weiden vorbei tuckern wir schließlich weiter, bis wir Port Elizabeth erreichen, das an der Westküste der Aloa Bay liegt. Hier landete 1488 als erster Europäer Bartolomaeu Diaz und nutzte die Bucht als Ankerplatz, um Proviant und Trinkwasser zu bunkern.

Szene an der Küste: Campingplatz direkt am Meer mit schäumender Brandung. Wo könnte die Welt schöner sein als hier nahe der Mündung des Storms River Mouth im Tsitsikamma National Park?

Unverkennbar britisch: Port Elizabeth

Port Elizabeth ist unübersehbar britisch geprägt und verdankt seine städtische Gründung den britischen Siedlern von 1820. Der britische Vizegouverneur am Kap, Sir Rufane Donkin, benannte die Siedlung nach seiner verstorbenen Frau Elizabeth und legte einen Park sowie eine Gedenkstätte für seine Frau in Form einer Pyramide an. Dieses »Donkin Reserve« auf einer Anhöhe erhebt sich in der Nähe von hübschen victorianischen, weißen Rei-

Ein beeindruckendes und außergewöhnliches Denkmal ist das »Horse Memorial«, das den im Burenkrieg gefallenen Pferden gewidmet. Wo in der Welt sonst gibt es schon solche Beweise der Tierliebe?

Schöne Felsen-Strand-Kulisse: Die wildromantische Flußmündung des Storms River befindet sich zwischen dramatischen Felsklippen, an denen sich die Brandung bricht.

Die ansonsten wenig interessante Stadt Port Elizabeth bietet am Market Sqaure mit dem Rathaus und der nahen Donkin Reserve mit denkmalgeschützten Wohnblocks einige Sehenswürdigkeiten.

henhäusern an der steilen Donkin Street, die unter Denkmalschutz stehen. Wir erreichen die Stadt am späten Nachmittag. Hier begannen Ende des 18. Jahrhunderts die zahlreichen Kämpfe zwischen den weißen Grenzern und den Xhosa und Zulu. Heute ist Port Elizabeth die drittgrößte Hafenstadt des Landes und eine große Industrieansiedlung mit schönen Stränden in der Umgebung. Als Tierfreund lasse ich es mir aber nicht nehmen, das »Horse Memorial« von

1905 aufzusuchen, mit der Darstellung eines knieenden Soldaten, der seinem Pferd Wasser gibt. Das Denkmal, direkt an der Russel Road, ist den zahlreichen im Burenkrieg getöteten Pferden gewidmet und trägt die Inschrift: »Die Größe einer Nation zeigt sich nicht so sehr in Bevölkerungszahlen oder in der Ausdehnung des Landes, sondern in der Fähigkeit zum Mitleid und der Tiefe dieses Gefühls.«

Wir halten uns nicht lange in dieser Stadt auf, sondern fahren umgehend zu unserem Pine Lodge Holiday Resort, das sich am Marine Drive links im Stadtteil Summerstrand befindet.

Am Abend eines ereignisreichen Tages sitzen wir vor unserem rollenden Heim, schauen aufs glitzernde Meer hinaus, über dem weiße Möwen kreisen, beobachten den blutroten Sonnenuntergang und trinken ein Bier auf die Schönheiten dieses Landes.

Schutzgebiet für die letzten Elefanten am Kap

Eine Überraschung bietet unser Ausflug am kommenden Tag zum nördlich von Port Elizabeth liegenden Addo Elephant National Park, der sich zwischen der Suurberg-Kette und dem Tal des Sundays River befindet. Er wurde bereits 1931 zum Schutz der letzten Elefanten der östlichen Kapprovinz geschaffen und

Im Donkin Reserve, einer steinernen Pyramide und altem Leuchtturm, ist heute ein Informationszentrum untergebracht.

bedeckt ein weites Buschland mit Gestrüpp und Kletterpflanzen sowie niederem Buschwerk. Das Schutzgebiet kann nur bei trockenem Wetter besucht werden, da die Pisten nicht befestigt sind und sich nach Regen in schlammige rote Morastwege verwandeln. Es ist streng verboten, Zitrusfrüchte mit in den Park zu nehmen. Hier erblicken wir nicht weit vom Eingang und der Lodge die größten Elefantenherden, die mir auf den Fahrten durch Südafrikas Nationalparks jemals begegnet sind. Es sind die letzten 200 der früher zahlreichen rötlichbraunen, kleinen Elefanten, die 1919 fast ausgerottet waren. Der Besuch dieses Nationalparks ist der Auftakt zu Abenteuern, die uns in den folgenden Tagen in einer völlig anderen Landschaft erwarten.

Leeu-Gamka
N 1
Seekoegat
R 29
Prince Albert
Gamkarivier
Cango Caves
De Rust
Oudtshoorn
Olifantsrivier
Volstruisleegte
R 57
Willowmore
Miller
Grootsrivier
Steytlerville
Jansenville
R 75
Pearston
Wolwefontein
Colekeplaas
Uniondale
Avontuur
R 62
Kouga
Herold
George
Klein-Brakrivier
Mossel Bay
Knysna
Brenton-on-Sea
Plettenberg Bay
R102
Nature's Valley
N 2
Storm's River
Kareedouw
Hankey
Humansdorp
Jeffrey's Bay
Cape St. Francis
Uitenhage
Port Elizabeth
Summerstrand
Somerset Oos
Eastpoort
Bedford
Cookhouse
Middleton
Gr. Visrivier
N 10
Zuurberg NP
Addo Olifand NP
Paterson
Ncanaha

Strecke

Klein Brak River/Mossel Bay - Plettenberg Bay: ca. 158 km
Plettenberg Bay - Port Elizabeth: ca. 270 km

Streckenführung

Mossel Bay (Klein Brak River) - Plettenberg Bay (Keurbooms River)
Riverside Holiday Resort (Klein Brak River) - Zurück auf die N 2 (5 km) - George (32 km)
Abstecher George - Oudtshoorn: George - Abzweig Richtung Oudtshoorn (rechts, 9 km) - Über den Montague Paß bis zum Ende der Piste (13 km) - Auf die R 69 Richtung Oudtshoorn (links, 2 km) - Auf die R 29/R 69 (9 km) - Oudtshoorn (31 km) - Von George über die Abfahrt Richtung Oudtshoorn nach Kaaimans River/Wilderness (13 km) - Abzweig Lakes Holiday Resort (4 km) - Abzweig Flat Rock/Wildernes Dunes (4 km) - Abzweig Swartvlei (10 km) - Sedgefield (4 km) - Abzweig Buffel's Bay (19 km) - *Abstecher nach Buffel's Bay (19 km)* - Zurück auf der N 2 zum Abzweig nach Brenton on Sea (6 km) - *Abstecher nach Brenton on Sea (18 km)* - Zurück auf der N 2 nach Knysna (The Heads, 14 km) - Zurück nach Knysna zur N 2 (4 km) - Abzweig Brokenhill Waterfalls (10 km) - Abfahrt nach Plettenberg Bay (Beacon Island, 21 km) - Plettenberg Bay (Beacon Island, 4 km) - Zurück auf die N 2 nach Keurbooms River (10 km) - Aventura Keurbooms Campground (7 km) -

Plettenberg Bay (Keurbooms River) - Port Elizabeth
Aventura Keurbooms Campground - Über N 2 auf die R 102 (16 km) - Abzweig nach Nature's Valley (11 km) Zurück zur N 2 (ca. 30 km) - Abzweig Stormsriver Mouth (5 km) - Big Tree (6 km) - Paul Sauer Bridge (3 km) - Abzweig auf die R 102 (Richtung Humansdorp, 68 km) - Abzweig Cape St.Francis (16 km) - Humansdorp (2 km) - Jeffrey's Bay (14 km) - Von der R 102 auf die N 2 (Richtung Port Elizabeth, ca. 20 km) - Port Elizabeth (48 km) - Abzweig von der N 2 auf die R 102 (5 km) - Von der City auf der M 4 bis zur Pine Lodge Summerstrand (10 km) - *Abstecher Stormriver Mouth (9 km),* 17 Rand Eintritt

Streckenlänge

Direktroute 155 km (bis Aventura Keurbooms/Plettenberg Bay) und 270 km (bis Pine Lodge Holiday Resort/Port Elizabeth)
Gesamtstrecke mit Abstechern: ca. 465 km
Ausflug Addo Elefant Park: ca. 72 km

Straßenzustand

Autobahnähnliche N2 erstklassig. Nebenstrecken entweder geteert (R 102) oder geschottert.

Campingplätze

Wilderness *Island Lake Caravan Park*
4 km östlich an der Straße nach Knysna bei Eilandsvlei, Tel. 0441/911 94, Fax 91 11 94.

Wilderness Camp
(Tel. 0441/9-1197) 4 km östlich der Ortschaft bietet Stellplätze für Caravans für je 6 Personen, Zweibett-Blockhütten, Cottages mit 5 Betten und Shops.
2 km an der Straße nach Knysna liegt das *Lakes Holiday Resort* (Tel. 0441/877-1101, Fax 877-0367) mit 74 Stellplätzen, 17 Chalets, Swimmingpool und Shop.

Knysna
Es gibt mehrere Caravan Parks, so westlich von Waterways den *Lagoonside Holiday & Caravan Park* (Tel.0445/2-1751) mit 30 Stellplätzen, 4 Chalets, 10 Rondavels und Restaurant, den *Waterways Caravan Park* am Holiday Park Drive (Tel. 0445/2-2241, Fax 2-3140) mit Blick über die Lagune, 100 Stellplätzen, 20 Chalets, Swimmingpool und Restaurant, neben Waterways den *Monk's Caravan Park & Flats* (Tel. 0445/2-2609) mit Chalet-Vans für bis zu 6 Personen sowie Zeltplätzen und den *Knysna Caravan Park* (Tel. 0445/2-2011) mit Zeltplätzen. Außerdem kann man im *Brenton Holiday Resort* (Tel. 0445/81-0060, Fax 81-0065) unterkommen, das 100 Stellplätze und 48 Zweibett-Chalets im Schatten uralter Yellowwood-Bäume bietet.

Plettenberg Bay
Fährt man von Plettenberg Bay 9 km in Richtung Flugplatz und folgt den Ausschilderungen zum »Robberg National Reserve« (tgl. 7-18 Uhr, Tel. 04457-3-2125), gelangt man zum *Robberg Resort & Caravan Park* (Tel. 04457/2-3571) mit Stellplätzen auf Rasen direkt am Strand oder geschützten Plätzen dahinter sowie einigen Chalets.
5 km östlich der Stadt liegt an der Mündung des Keurboom River der hübsche *Aventura Keurbooms Lagoon Caravan Park* (Tel. 04457/9309, Fax 9912) mit 114 Plätzen für Caravans und Zelte, Gas, 29 Sechsbett-Cottages und Vierbett-Chalets, 114 Stands (220 Volt), 24 Duschen und Bäder, 24 Toiletten, 6 Waschanlagen, Kinderspielplatz, Swimmingpool, Restaurant (1 km)

Tsitsikamma/*Rest Camp*
Direkt am Storms River Mouth erstreckt sich die große Anlage des »Rest Camp« (Tel. 012/3 43 19 91, Fax 3 43 20 06) mit 97 Caravan-Stellplätzen, keine Stands (220 Volt), 43 Chalets, Cottages und Rondavels, Restaurant, Swimmingpool, Tankstelle und Shop.

Port Elizabeth
Die Anlage von *Sea Acres Caravan Park* (Tel. 041/53-24 07, 53-3095, Fax 53-3966) am Marine Drive bietet

500 Zeltplätze unter Bäumen, 34 Chalets, 9 Vierbett-Rondavels und 30 Strand-Cottages mit TV für drei Personen.

Beach View Holiday Resort,
Tel. 74-1884, Fax 36-1878 (Camping sites, Tankmöglichkit, Swimmingpool, Shop, Cottages)

Pine Lodge Holiday Resort, Marine Drive, Summerstrand, Homewood 8013, Tel. 041/53-4004, Fax 53-3839, 39 Stellplätze für Caravans und Zelte, 57 Chalets, 39 Stands (220 Volt), 20 Duschen und Bäder, 12 Toiletten, 2 Waschanlagen, Kinderspielplatz, Restaurant

Willows Holiday Resort, Marine Drive, Tel. 041/36-1717

Addo Elephant National Park
Rondavels mit 2 Betten und Bad, ohne Küche, 2 Sechsbett-Cottages, Chalets mit 2 Einzel- oder einem Doppelbett, Campingplatz, Restaurant, Buchung über National Parks Board
Tel. 012/22-2810, Fax 24-6211 oder 012/343-1991, Fax 343-0905

Sehenswert

Port Elizabeth
Fort Frederik an der Mündung des Baakens River, von dem man einen schönen Blick auf die Bucht und den Hafen der Stadt genießt. Es wurde als erstes Gebäude aus Stein in der östlichen Kapprovinz 1799 von britischen Truppen erbaut.
Im *Donkin Reserve* befindet sich eine Steinpyramide zum Andenken an die Gattin Elizabeth des Sir Rufane Donkin, zudem ein Leuchtturm aus dem Jahre 1861, heute ein Militärmuseum mit Informationszentrum, der ebenso unter Denkmalschutz steht wie eine Reihe von Terrassenhäusern in der Donkin Street aus der victorianischen Zeit (1860-80).
City Hall,
(1858 errichtet, nach einem Brand 1977 innen modernisiert, heute unter Denkmalschutz) mit 1883 hinzugefügtem Uhrenturm, an dem man die Uhr der alten Congregational Church anbrachte. Vor dem Rathaus steht eine Nachbildung des Steinkreuzes, das Bartolomaeu Dias 1488 bei seiner ersten Landung in der Algoa Bay errichtete.
White House, Fleming Street,
von 1904, ein dreistöckiges Jugendstilgebäude, war jahrelang der Eisenbahn- und Hafenverwaltungssitz der Stadt und ist ein ausgezeichnetes Beispiel für die Art Noveau Architektur Südafrikas.
Campanile (52 m hoch)
wurde 1923 zur Erinnerung an die ersten Siedler errichtet. Eine Wendeltreppe mit 204 Stufen führt auf eine Aussichtsplattform, von der man einen schönen Rundblick über die Stadt und den Hafen genießt.
Horse Memorial, Cape Road/Russel Road.

LAND DER XHOSA

Von Port Elizabeth nach Durban

Grahamstown: die Stadt der Kirchen. Settler's Country. Vom Highway zur reizvollen Küstenstraße. Durch die ehemalige Transkei, das einsame Land der Xhosa mit ihren Rondavels. Wild Coast, Hibiscus Coast und Dolphin Coast – Strände ohne Ende. Durban, Südafrikas Tor zur Welt und Schmelztiegel der Kulturen.

Grahamstown: »Very British«

Sanft schaukelt uns das Wohnmobil durch ein Gebiet, das unter dem Namen »Settler's Country« bekannt wurde, da sich hier viele Siedler Anfang des 19. Jahrhunderts niederließen. Die Farmen sind fast alle in der Hand von Weißen. Das zwischen beiden Städten landeinwärts gelegene Gebiet mit Grahamstown als Zentrum umschließt die frühere Ciskei. Die Berge sind teilweise dicht bewaldet, 70% der Fläche sind offenes Weideland für Rinder, Schafe und Ziegen. In dem Land fließen die Flüsse träge vorbei an mit Aloen besetzten Hügeln und Ananasfeldern.

Städte wie East London und Grahamstown sind noch immer britisch wie das konservative Oxford, mit victorianischen Häusern inmitten gepflegter englischer Rasen, mit Kriegsveteranen im Safari-Look und artigen Schulbuben in Uniform mit Kurzhosen und Käppis. Allerdings ist gegenüber meinen letzten Besuchen ein deutlicher Wandel festzustellen. Mehr und mehr Schwarze drängen in die City und prägen ihr mit bunten Verkaufsständen einen mehr »afrikanischen« Stil auf. Doch wir erleben auch, unter welch unterschiedlichen Bedingungen die Menschen hier immer noch leben. Während der putzige Ort *Grahamstown* wie ein verpflanztes Stück England anmutet, sehen die einförmigen, wie Streichholzschachteln aneinandergereihten Backsteinhäuser in den Wohnvierteln der Schwarzen eher trist aus. Es sind aus Wellblech und Holzresten errichtete Elendsquartiere, mit Abfällen und Autowracks übersät.

Zur Mittagszeit, als wir in Grahamstown ankommen, findet vor der großen Kathedrale St. Michael und St. Georg gerade eine bunte Festveranstaltung mit Xhosa-Frauen in traditioneller Tracht und Umzug statt, der eine Mischung aus alten

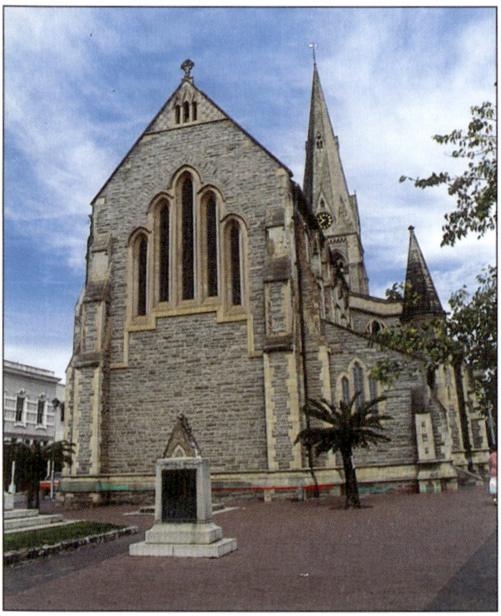

Im Herzen des englischen Sprachraumes in Südafrika gelegen, ist Grahamstown eine Stadt der Schulen und Kirchen. Mittelpunkt der Stadt ist natürlich eine Kathedrale, die St. Michael und St. George Church.

Streckenführung

Wir fahren zurück auf der Humewood Road nach Port Elizabeth und folgen dann dem North-South Freeway (M 4) in Richtung Norden. Dieser bringt uns zur N 2 und führt in östlicher Richtung aus der Stadt hinaus. Nach 140 km verlassen wir die N 2 beim Ort Grahamstown und kommen 46 km von Grahamstown auf der R 67 über Bathurst 14 km weiter nach Port Alfred und weitere 25 km nach Kenton-on-Sea, von wo wir nach 7 km zum Abzweig Richtung Boknes/Cannon Rocks gelangen, dem wir folgen. Wir kommen an eine T-Kreuzung (1 km), biegen rechts ein und fahren an der nächsten T-Kreuzung links auf eine ungeteerte Schotterstraße. Es folgen gute 2 km Waschbrettpiste bis zur Kreuzung, wo wir der geteerten Straße rechts folgen. 13 km nach dem Abzweig auf der R 72 nach Boknes/Cannon Rocks ist das Cannon Rock Holiday Resort erreicht.

Am nächsten Tag verlassen wir den Campground über Kenton on Sea auf der R 343 in nördlicher Richtung zur N 2 (64 km) und gelangen nach einem kurzen Abstecher ins Landesinnere über Grahamstown (11 km) und King William's Town (weitere 127 km) nach East London (bis Abzweig zur R 72 ca. 55 km). Hinter East London (Abzweig R 72) verlassen wir die N 2 bei der Ausfahrt Gonubie (5 km). Nun sind es noch 11 km fast bis zum Ende der Ortschaft mit dem Werbeplakat »Pinewood Homes« linkerhand, wo wir links einbiegen und am Ende der Straße das Gonubie Holiday Resort erreichen. Vor dem Stop-Schild zum Eingang des Gonubie Holiday Resort geht es links zum Campground.

Auf der folgenden Fahrt durch das Land der Xhosa passieren wir auf der N 2 nach ca. 104 km Butterworth und nach weiteren 36 km Idutywa. Ca. 84 km weiter erreichen wir Umtata, die ehemalige Hauptstadt der Transkei. Rund 100 km hinter Umtata gelangen wir nach Mount Frere und nach weiteren 47 km nach Mount Ayliff, bis wir nach ca. 20 km die N 2 bei Brooks Nek über die T 4 wieder verlassen. Von hier geht es in Richtung Süden über Fort Donald nach Magusheni, das wir nach 34 km erreichen. Wir biegen nach links auf die R 61 in Richtung Port Edward und kommen 30 km weiter zur Ortschaft Bizana. Nach weiteren 53 km auf der R 61 erreichen wir bei Port Edward den Indischen Ozean. Von hier sind es noch 23 km bis zum Paradise Holiday Resort, kurz vor Southbroom.

Die nächste Etappe führt von der R 61 (kurz hinter Southbroom nach rechts abzweigend) auf die N 2 (31 km), der wir in Richtung Durban folgen. Wir passieren unter anderem Scottsburgh (94 km vom Campground), nach weiteren 13 km Amanzimoti, bevor wir die N 2 verlassen und auf der M 4 nach Durban Beach fahren. Von der M 4 über die N 2 führt uns ein Ausflug nach Stanger und dann zurück von Gingindlovu über die N 2 nach Ballito. Nach 3 km in Richtung Compensation Beach erreichen wir das Dolphin Holiday Resort an der »Delphinküste«, indem wir noch vor der BP-Garage links abbiegen und dann sofort wieder rechts, um dann geradeaus einer kurvigen Straße zu folgen. An der folgenden T-Kreuzung halten wir uns rechts und erreichen kurz danach linkerhand den Campground.

Im ehemaligen Homeland Ciskei bieten entlang der Hauptstraße freundliche Verkäuferinnen saftige Ananas zum Kauf an. Ein Exemplar dieser vitaminhaltigen Frucht kostet etwa eine Mark.

afrikanischen Riten und nordamerikanischer Parade mit hübsch gekleideten Mädchen in kurzen Röckchen darstellt. Die Kathedrale besitzt einen Dachstuhl aus Holz, der aus dem Wrack eines vor der Küste aufgelaufenen Schiffes stammt. Die Kathedrale war lange Zeit das höchste Gebäude Südafrikas.

Die Stadt, in der Mitte zwischen Port Elizabeth und East London im Herzen des englischen Sprachraumes in Südafrika gelegen und nach dem Oberst John Graham benannt, ist stolz auf seine Schulen und zahlreichen Kirchen. Im Jahre 1812 als Militärposten gegründet, aber erst nach Ankunft der Siedler 1820 zu einer rasch wachsenden Ortschaft geworden, litt es bis 1853 unter ständigen blutigen Kämpfen. Wir fahren hinauf auf den Gunfire Hill mit dem sternförmigen Fort Selwyn und dem Settler's Monument für die Siedler von 1820 mit den Bronzefiguren einer Siedlerfamilie in der damaligen Tracht. Von hier oben genießen wir auch einen schönen Blick auf die Stadt, die durch mehr als 40 Kirchen geprägt wird. Der Great Fish River, rund 70 Kilometer östlich von Grahamstown, bildete die Grenzlinie zwischen dem »Settler's Country« der Siedler und dem Siedlungsgebiet der Xhosa. Er war Schauplatz mehrerer Grenzkriege, die hier zwischen 1781 und 1877 geführt wurden. Wind und Wellen haben den Fels zu bizarren Formationen und Tunnels geformt. Die Sumpfgebiete am Westufer beherbergen Tausende von Wasservögeln.

Wir wollen eine mir bis dahin unbekannte Strecke erkunden und wählen daher einen Abzweig (R 67) zur Küste. In scharfen S-Kurven geht es runter und dann wieder aufwärts über Bloukrans River, bis wir auf schnurgeradem Weg *Bathurst* erreichen, benannt nach Earl Henry Bathurst, der 1820 britischer Kolonialsekretär war. In Bathurst steht der älteste anglikanische Kirchenbau

Südafrikas. Vor dem Abzweig nach *Port Alfred* an der Mündung des Kowie River erblicken wir eine große Barackensiedlung, unübersehbares Zeichen für die Probleme, die das neue Südafrika nach der Apartheid zu lösen hat. Der Ort wurde nach dem zweiten Sohn der Königin Victoria benannt. Direkt vor der Küste befindet sich eines der schönsten Felsenriffe von Südafrika mit zahlreichen Korallen und Schwämmen; die langen Sandstrände haben bemerkenswert hohe Dünen.

Durch eine ziemlich einsame Gegend geht es nun von der Brücke auf der R 72 nach Kenton on Sea mit herrlichen Sandstränden und weiter zum Wegweiser nach Boknes/Cannon Rock. Hier wird die Wegführung etwas unübersichtlich, doch nach einigen Abbiegungen und für ein Wohnmobil beschwerlichen Fahrten auf zum Teil ungeteerten Schotterstraßen ist endlich das gute Cannon Rocks Holiday Resort erreicht. Am späten Nachmittag kriechen Schatten aus Steinblöcken und Büschen.

Die bunte City Hall in East London ist im viktorianischen Renaissance-Stil erbaut und eine der wenigen architektonischen Sehenswürdigkeiten, welche diese Stadt zu bieten hat.

Die Landschaft des ehemaligen Homelands Transkei wird geprägt durch Hügelketten mit weißgetünchten Xhosa-Hütten (Rondavels). Eine Fahrt durch dieses Land ist unter Beachtung üblicher Vorsichtsmaßnahmen problemlos und unbedingt anzuraten.

Der nächste Tag findet uns wieder auf dem Weg nach Grahamstown, diesmal von Kenton on Sea aus. Es wird ungewöhnlich grün, Kühe weiden bis zum Straßenrand, aus dem tiefen Tal steigen Nebel auf. Stetig geht es in Kurven aufwärts, eine der seltenen Kontrollen der Polizei zur Geschwindigkeitsbegrenzung passieren wir mit unserem Wohnmobil, das bei diesen Höhenkurven die vorgeschriebene Höchstgeschwindigkeit von 120 Stundenkilometern kaum erreicht, ohne Probleme. Am Wege sind mehrere Stände mit saftigen Ananasfrüchten postiert – eine Gelegenheit, die wir uns nicht entgehen lassen. Wir folgen dem kurvigen Weg hinauf zum Kaiskamma River

Paß, dessen gleichnamiger Fluß braun verschlammt ist.

Wir fahren an Grahamstown vorbei und nehmen Kurs auf *King William's Town*, älteste Grenzstadt der Kapkolonie. Die Ortschaft war ursprünglich eine Missionsstation, die 1835 von den Xhosa-Stämmen zerstört wurde. Nachdem die Engländer einen Militärstützpunkt angelegt hatten, kamen die Missionare zurück und gründeten die heutige Stadt. Die ehemalige Missionsstation wurde zum Verwaltungszentrum von British Kaffraria gemacht. 1858 kamen auch 2000 deutsche Siedler in der Hoffnung auf ein besseres Leben hierher, doch viele von ihnen verhungerten. Im Kaffrarian Museum kann man eine große Sammlung afrikanischer Säugetiere bewundern. Ein Ehrenplatz wurde dem Flußpferd Huberta eingeräumt, das zwischen 1928 und 1931 von St.Lucia bis King William's Town 1600 Kilometer gelaufen war, bevor es dort abgeschossen wurde.

Hinter King William's Town begegnen wir Ziegen und Rindern am Wegesrand, die sich manchmal auf die Straße verirren. Vorsichtige Fahrweise ist also angebracht. Kurz vor East London fühle ich mich an die grüne Landschaft Irlands erinnert. Morgennebel hängt über der Straße, und vom Meer dringt salzige Luft herüber. Die Farmen im Settler´s Country sind noch heute fast alle in der Hand von Weißen. Das zwischen beiden Städten landeinwärts gelegene Gebiet mit Grahamstown als Zentrum umschließt die frühere Ciskei. Die Berge sind teilweise dicht bewaldet, 70% der Fläche sind offenes Weideland für Rinder, Schafe und Ziegen. Braunfarbene Flüsse fließen träge vorbei an mit Aloen besetzten Hügeln und Ananasfeldern.

East London

Nach langer Fahrt erreichen wir die beliebten Strände und *East London*, das 1848 an der Mündung des Buffalo River errichtet wurde. Die Stadt

Das noch weitgehend unberührte Land der Xhosa besitzt dichte Wälder, einsame Berge und eine dramatische Küste. Teile des Landes sind allerdings ausgelaugt und zu trockener Erde erodiert.

besitzt den einzigen Flußhafen Südafrikas und zwängt sich zwischen den Grenzen der ehemaligen Transkei im Osten und der Ciskei im Westen. Das Stadtzentrum erstreckt sich beiderseits der Oxford Street, der breiten Hauptstraße, deren Prunkstück die im viktorianischen Renaissance-Stil 1897 erbaute City Hall ist. Ihr Glockenturm ist Queen Victoria gewidmet. Im Museum in der Oxford Street befindet sich das Skelett einer primitiven Fischart namens Coelacanthe, von der man glaubte, daß sie seit 50 Millionen Jahren ausgestorben sei, bis man 1938 ein lebendes Exemplar aus dem nahen Chalumne River fischte. Ebenso gibt es hier das einzige Dodo-Ei, das 1846 von Mauritius gebracht wurde. Es handelt sich um einen im 17. Jahrhundert ausgerotteten, flugunfähigen Vogel. Ersparen kann man sich eigentlich den Besuch des klobigen »German Settler's Memorial«, das in Erinnerung an die 1857 hierher gekommenen Deutschen als Denkmal aus Granit errichtet wurde.

Auch beim zweiten Besuch hat dieses Monument nicht an Attraktivität gewonnen. Da locken doch die vielen Strände hinter der Stadt, an der Abzweigung nach Gonubie, gleich viel mehr. Wenige Kilometer später erreichen wir Gonubie und danach den Gonubie Caravan Park.

Das Land der Xhosa

Die folgenden Tage führen uns in eine der schönsten Landschaften im südlichen Afrika, darunter die reizvolle »Wild Coast«, ein Gebiet, das sich über 250 km mit einer steilen, felsigen Küste erstreckt, die ihren Namen zu Recht trägt. Lagunen und einsame Strände, Buchten und Klippen, Palmen und Lilien sowie Flüsse prägen das Bild dieser Landschaft, in der zahlreiche Campingplätze locken. Die Rundhütten (Rondavels) der Xhosa mit kegelförmigen Grasdächern sind meist aus Steinen, aber auch Lehmziegeln und Lehm

Die Siedlung Butterworth ist eine trostlose Ansammlung überwiegender Wellblechhütten, doch in der Nähe liegt eine traditionelle Hinrichtungsstätte der Xhosa.

erbaut. Die Türen der blau bemalten Hütten befinden sich stets in Richtung Osten, um die Bewohner vor bösen Geistern zu schützen. Die Behausungen reichen bis zum Straßenrand, das Vieh läuft frei herum, so daß wir beim Autofahren aufpassen müssen. Überall liegt Plastikabfall, der sich in den Stacheldrahtzäunen verfängt; in den Gräben am Straßenrand liegen Autowracks.

Gelegentlich sehen wir noch ältere Xhosa-Frauen mit den charakteristischen orangefarbenen Gewändern, der turbanähnlichen Kopfbedeckung und der langen Pfeife, Statussymbol der verheirateten Frau. Mitunter erblicken wir noch Mädchen und Jungen, deren Gesicht im Rahmen der traditionellen Initiationsriten weiß bemalt ist. Unverheiratete Xhosa-Mädchen tragen ihren Oberkörper entblößt. Während die Xhosa, Tembu und Bomvana rosa und orangefarbene Töne bevorzugen, kleiden sich die Pondo und Pondomise vornehmlich in hellblauen Gewändern. Stunde um Stunde donnern wir durch eine herrlich grün leuchtende Landschaft, durchsetzt mit Wildblumen und leuchtend roten Aloen. Nur selten ist ein Dorf mit strohbedeckten Lehmhütten zu erhaschen, das an uns vorbeirauscht.

Die Märkte der Xhosa sind bunt und voller Leben. Das Bild zeigt eine Szene vom Markt in Idutywa.

Allmählich wird das Land rauher, werden die Siedlungen ärmlicher. Doch immer wieder führen Schotterstraßen und Pisten durch die Berglandschaft zu kleinen Orten an der Küste. Dunkle Gewitterwolken türmen sich, vom Wind getrieben, am Horizont. Nach heftigem, aber kurzem Regenschauer bricht die Sonne urplötzlich hervor und läßt die Landschaft wie eine Symphonie schillernder Farben erscheinen.

Von Gonubie geht die Fahrt zunächst nach Butterworth, wo lange Reihen von Arbeitersiedlungen die Straße säumen. Hier befindet sich auch eine traditionelle Hinrichtungsstelle der Xhosa – die 110 m hohen Bawa Falls. Butterworth war nach seiner Gründung 1827 zunächst nur eine Missionsschule, um die später die älteste Stadt der Region wuchs. Wegen der nur 45 km entfernten Grenze zur Kapprovinz wurde es auch »Tor zur Transkei« genannt.

Abstecher zur Coffee Bay

Die Wild Coast, der Küstenabschnitt zwischen Qolora Mouth und Port Edward, gehört zu den schönsten Küsten, die das südliche Afrika zu bieten hat. Felsige Klippen wechseln mit sanften grünen Kuppen, kleine einsame Buchten mit prächtigen breiten Sandstränden sowie Mangrovensümpfen. Wir erleben eine rauhe, unverdorbene Küste voller einsamer Naturstrände, Dünenlandschaften, steil aufragender Kliffs und von Mangrovenwäldern umrahmter Flußläufe.

Um hierher zu gelangen, gibt es mehrere Pisten; besonders empfehlenswert ist der Weg zur Coffee Bay, die zwischen dem Nenga River (»Walfluß«) und Mapuzi River (»Ort der Kürbisse«) liegt und einen kilometerlangen, geschützen Sandstrand vor türkisblauem Meer bietet. Der Name rührt von einem gestrandeten Schiff her, dessen Ladung aus Kaffeebohnen 1863 an den Strand gespült wurde.

68 Kilometer hinter *Idutywa* verlassen wir die N 2 und fahren auf der gut ausgeschilderten Strecke zunächst nach Mqanduli, dann über den Kwaimans-Paß durch leicht gewelltes Land, vorbei an Rondavels, die zur Hälfte naturfarben grau, zur anderen Hälfte weiß getüncht sind. Durch eine wildromantische Landschaft, geprägt von Mangrovensümpfen und den Rundhütten-Siedlungen der Xhosa, erreichen wir nach 60 km eine Weggabelung, von der wir nach *Hole of the Wall* abbiegen. Die Fahrt entlang grasbewachsener Hügel und kleiner Siedlungen der Xhosa ist grandios. Wind und Wellen haben in der gezeitengeschützten Zone direkt vor der Mündung des Mpako River eine hübsche Insel gegraben. Die Xhosa bezeichneten den 20 m langen Schlund, durch den die Wellen tosen, um sich an den trutzigen Klip-

Umtata ist Xhosa-Hauptstadt. Hier befindet sich das Parlament, das die Xhosa sicherlich treffend »Bunga« (Schwatzbude) nennen.

pon zu brechen, als »esiKhalenI«, Ort des Klanges, denn hier pfeift häufig der Wind durch das Loch und singt sein Lied.

Entlang felsiger Buchten hoch über dem Meer können wir uns einen Eindruck machen von der Wucht der Naturgewalten. Wild und ungezähmt bestürmt der Ozean die Küste, zermahlt er die Felsen aus Sandstein zu feinem Sand, hämmert er gewaltige Tunnel und Krater in die trutzigen Klippen. Gewaltige Wellenbrecher legen dem Betrachter einen Saum weißer Schaumkronen zu Füßen, der sich an hohen Felsen bricht und auf seinem Rückzug ins Meer schillerndes Grün erkennen läßt.

Während der nächsten Kilometer begegnet uns auf der gesamten Strecke nicht ein einziges Fahrzeug. Hin und wieder sehen wir Rinder am Straßenrand, sonst keine Spur von Leben.

Schwatzbude und Märkte in Umtata

Plötzlich ändert sich alles, der Straßenverkehr nimmt zu und die Straße ist übersät mit Schlaglöchern. Wir erreichen die 1879 gegründete ehemalige Hauptstadt der Transkei, wichtiges Versorgungszentrum, in das viele Xhosa aus den ländlichen

Umtata ist wichtiges Versorgungszentrum für die ländliche Umgebung und bildet eine Vielfalt aus traditionellen, ärmlichen Hütten und modernen Hochhäusern. Das Holiday Inn ist einen Besuch wert.

Gebieten kommen, um sich mit den Dingen des täglichen Bedarfs zu versorgen. Die Stadt hat ihren Namen nach Umtata-Bäumen, dem Niesholz aus der Familie der Seifennußgewächse, die früher in großer Zahl am Ufer des Umtata River wuchsen. Das markanteste Gebäude ist das Parlamentsgebäude, »Bunga« (Schwatzbude) genannt. Der sehr aufwendig gestaltete Komplex der 1976 gegründeten Universität befindet sich im Süden der Stadt. Der Reiz des Ortes liegt im Kontrast von alt und modern, von bunten herkömmlichen Einkaufsläden und modernen Supermarkets. Da wir gegen Mittag in der Stadt angekommen sind, lasse ich es mir nicht nehmen, im feudalen Holiday's Inn zu speisen. Das Wohnmobil parken wir vor dem Hotel auf einem abgesperrten und bewachten Platz. Die klare Luft und das grelle Licht der Sonne verwandeln die prosaische Stadtlandschaft in eine tröstliche Kulisse.

Anderthalb Stunden später geht es über den Mlengana Paß, hoch über dem Umngazi River, weiter in Richtung Kokstad. Vorbei an grasenden Schafen am Straßenrand und streunendem Vieh mitten auf der Fahrbahn tuckern wir entlang gewaltiger S-Kurven bis Mount Frere. Es ist sehr grün, und in zahlreichen Serpentinen geht es bis Mount Ayliff aufwärts. Dann wird es neblig, der Verkehr nimmt zu. Minibusse liegen zertrümmert im Straßengraben. Ein schrecklicher Unfall auf der Wegstrecke, den wir sehen, verdeutlicht die Tatsache, daß es in Südafrika keinen TÜV, aber tollkühne Fahrer gibt.

Bei Brooks Nek folgen wir der sehr undeutlich ausgeschilderten T 4 Richtung Flagstaff und Port St. Johns, die auch zu unserem Zielpunkt *Port Edward* führt und sich in zahlreichen Kurven bis zur Abzweigung auf die R 61 bei Magusheni dahinwindet. Aus den tiefen Schluchten steigen dünne Nebelschwaden auf. Die folgenden Kilometer bis Bizana sind voller scharfer Kurven in stetem Auf und Ab. Die Fahrt nach Redoubt erlaubt wunderschöne Ausblicke in Schluchten und auf grüne Hügel ringsum, an deren Hängen kleine Hütten zu kleben scheinen. Wir sehen Pferde, braune Kühe und schwarze Ziegen. Dann geht es durch eine herrliche Hügellandschaft an Zukkerfeldern, bis über die mächtige Stahlbrücke, die sich über den Umtamvuna River spannt, die ehemalige Grenze von der Transkei nach KwaZulu/Natal und schließlich Port Edward erreicht wird. Vom Abzweig Leisure Bay an befinden wir uns an der Hibiscus-Küste. Das Paradise Holiday Resort erreichen wir kurz vor *Southbroom*, in einer lieblichen Parklandschaft gelegen.

Nach einer erholsamen Nacht geht es am folgenden Tag über Port Shepstone an der Küste entlang in Richtung Durban. Die Morgensonne entzündet ihre Farben, aber noch liegt feiner Nebel über dem Land. Doch bereits nach einer Stunde hat die Sonne die Nebelreste gefressen und die frühen Schatten haben sich zurückgezogen. Die gesamte Strecke führt durch eine durchgehende Erholungs- und Freizeitlandschaft mit weiten Sandstränden, bizarren Felsformationen und Sandbänken. Während unserer Fahrt folgt ein Badeort und ein Strand dem anderen, wie Perlen auf einer Schnur gereiht.

Wo der Spaß nie endet: Durban

Wir nähern uns jetzt der Metropole *Durban*, einer interessanten Mischung aus Europa und Afrika mit kräftigem indischen Einschlag. Als am Heiligen Abend 1497 der portugiesische Entdecker Vasco da Gama erstmals das neue Land am Indischen Ozean an der großen, zangenförmigen Bucht bei Durban erreichte, nannte er den ins Meer mündenden Fluß Rio da Natal (Fluß

Die Da Gama Clock in Durban: Sie erinnert an die Landung des portugiesischen Seefahrers Vasco da Gama im Jahre 1497.

In dem stattlichen Gebäude mit kupferbedeckter Kuppel in Durban befindet sich das Rathaus und das »Natural History Museum«. Die Ähnlichkeit mit dem Rathaus in Belfast (Nord-Irland) ist unübersehbar.

der Geburt) und das Land Terra Natalis; daraus entstand der Name der heutigen Provinz Natal. Der Missionar Allen Gardiner benannte dann die ursprüngliche Handelsniederlassung 1835 nach dem damaligen britischen Gouverneur der Kapprovinz, Sir Benjamin d'Urban; daraus wurde der Name Durban. Ein Völkergemisch aus hinduistischen Indern, Weißen, Muslimen und wenigen Schwarzen verleihen der Stadt einen eigenen Reiz.

Wir haben keine Lust, uns mit dem Wohnmobil in das Verkehrsgetümmel der Großstadt zu stürzen, um entnervt einen geeigneten Parkplatz zu suchen. Deshalb verschieben wir den Besuch dieser Metropole, um zunächst einen ersten Abstecher ins Zululand zu machen, dann zum Campground nach Ballito zu fahren und anderntags vom Campingplatz mit einen Bus gemütlich in die City zu fahren.

Die Stadt, »wo der Spaß nie endet« (Werbeslogan) zeigt ihr weltoffenes und touristisches Gesicht insbesonders auf der langen »Goldenen Meile« entlang der Beachfront, wo sich Luxushotels, Superrestaurants, Discos, Bars, Nachtclubs und Vergnügungsstätten an der breiten

»Marine Parade« reihen. Hier sehen wir die viel fotografierten Rikscha-Fahrer mit ihren bunten Kostümen und dem phantastischen Kopfputz sowie die prachtvoll geschmückten zweirädrigen Rikschas. Zulu-Frauen, die am Straßenrand sitzen oder liegen, bieten kunsthandwerkliche Arbeiten an. Entlang der Beach Front reiht sich ein Hotelkomplex an den anderen, dazwischen befinden sich zahlreiche Cafés, Bars, Restaurants und Nachtclubs. All dies erinnert entfernt an Miami Beach. Am Strand liegt auch »Sea World«, wo sich Haie durch eine Glaswand betrachten lassen. Wir bummeln zur City Hall weiter und gelangen zum indischen Viertel mit der größten Moschee der südlichen Hemisphäre. Besonders beeindruckend ist die kupferglänzende Kuppel, die in den Sonnenstrahlen funkelt und glitzert. Sehenswert ist der nach einem Brand wiederaufgebaute Indian Market in der Victoria Street mit dem exotischen Fleisch- und Fischmarkt, der mit seinen abgeschlagenen Schafsköpfen, ausgebreiteten Innereien und leichten Fäulnisgerüchen allerdings nicht jedermanns Geschmack ist. Haufenweise gibt es im Markt vielfarbigen Curry in den verschiedensten Mischungen und allerlei touristischen Schnickschnack.

Ein Rausch an Farben und Gerüchen erwartet den Besucher auf dem Indian Market in Durban. Neben vielfarbigem Curry in den verschiedensten Mischungen sieht man auch abgeschlagene Tierköpfe – nichts für zartbeseitete Seelen.

An der Marine Parade erheben sich luxuriöse Hotelanlagen und zahlreiche Vergnügungsstätten. Hier kann man spazierengehen und natürlich die überall angebotenen Souvenirs erwerben.

Venterstad
R 58
Burgersdorp
Clanville
Barkey Pass
Mount Frere
Tina
Mount Ayliff
T4
Magusheni
Bizana
R61
Port Shepstone
N 2
Southbroom
Port Edward
Maclear
Steynsburg
R 56
Stromberg
Dordrecht
Eliot
R 56
Taolo
Mkambati NP
Lusikisiki
Rosmead
Molteno
Stormberg
2127
Quiba
Basheerivier
Hofmeyr
Sterkstroom
Umtata
R 61
Engcobo
Viedgesville
Port St. Johns
Conway
Bailey
Mqonduli
Visrivier
Tarkastad
Queenstown
Ezibeleni
Tsomo
Baashee Bridge
Idutywa
Coffee Bay
Cradock
Sw. Kei
Mountin Zebra NP
R 32
R 67
Cathcart
N 6
Dwesa NR
Butterworth
Pearston
Balfour
Stutterheim
Komga
Groot Kei
Eastpoort
Bedford
R63
R349
Somerset Oos
Cookhouse
Fort Beaufort
R400
Bisho
Kei Mouth
King William's Town
Mdantsane
Middleton
Gr. Visrivier
Zwelitsha
Gonubie Mouth
East London
N 10
R 67
N 2
Zuurberg NP
Bell
Grahamstown
R67
Bathurst
Addo
Olifand NP
Paterson
N 2
Ncanaha
R343
R72
Port Alfred
Kenton-on-Sea
Boknesstrand (Richmond)
Uitenhage
Port Elizabeth
Summerstrand

Strecke

Port Elizabeth (Campground) – Port Alfred (200 km)
Port Alfred – Cannon Rock Holiday Resort (45 km)
Cannon Rock Holiday Resort – Gonubie Campground (278 km)
Gonubie Caravan Park – Southbroom (544 km)
Southbroom – Ballito (204 km)

Streckenführung

Port Elizabeth – Boknes/Cannon Rocks
Pine Lodge Holiday Resort/Port Elizabeth – Auf N 2 nach Grahamstown (16 km) – Abzweig R 72 nach Port Alfred (50 km) – Abzweig von N 2 nach Grahamstown (3 km) – Abzweig Alexandria (19 km) – R 343 (Abzweig nach Kenton on Sea, 43 km) – Abzweig nach Grahamstown (11 km) – Vom Zentrum zurück auf die N 2 (Richtung King William's Town, 5 km) – Auf die R 67 Richtung Port Alfred (1 km) – Bathurst (42 km)
Port Alfred (14 km), Abbiegen auf die R 72 – Kenton on Sea (25 km) – Abzweig nach Boknes/Cannon Rocks (7 km) – Cannon Rocks Holiday Resort (13 km)

Boknes/Cannon Rocks – Gonubie
Cannon Rocks Holiday Resort – Kreuzung R 72 (13 km) – Kenton on Sea (6 km) – Abbiegen auf die R 343 (34 km) – Auffahrt auf N 2 (12 km) – Grahamstown (11 km) – Abzweig Great Fish River Mouth (ca. 61 km) – Abzweig Peddie (9 km) – Kaiskamma River Paß (15 km) – King William's Town (37 km) – East London (Abzweig M 5, 47 km) – East London (Abzweig M 1, 6 km) – East London (Abzweig R 72, 2 km) –
Abzweig Beacon Bay (M 8, 2 km) – Abzweig Gonubie (3 km) – Gonubie (5 km) – Gonubie Holiday Resort (6 km)

Gonubie – Southbroom
Gonubie Caravan Park – Abzweig N 2 (ca. 8 km) – Abzweig Cintsa Mouth (21 km) – Abzweig Haga Haga (10 km) – Abzweig Kei Mouth (R 349, 16 km) – Abzweig Komga R 63, 5 km) – Alte Kei Bridge (10 km) – Abzweig Ndabakazi (24 km) – Butterworth (10 km) – Abzweig Mazeppa Bay/Idutywa (26 km) – Abzweig Elliotdale (48 km) – Abzweig Coffee Bay (20 km) – *Abstecher Coffee Bay: Abzweig nach Coffee Bay – Coffee Bay (77 km) – Zurück Richtung N 2 bis Abzweig »Hole in the Wall« und wieder zurück (38 km) – Zurück vom Abzweig »Hole in the Wall« zur N 2 (Abzweig Coffee Bay) (58 km)* – Umtata (Holiday Inn) (16 km) – Abzweig Sidwadweni (27 km) – Abzweig Tsitsa Falls (10 km) – Abzweig Tina Falls (12 km) – Abzweig Tabankulu (10 km) – Mount Frere (38 km) – Mount Ayliff (47 km) – Books Nek, Abzweig Flagstaff/Port St.Johns (T 4, ca. 20 km) – Magusheni (Abzweig links auf R 61,

33 km) – Bizana (31 km) – Kurve (rechts, Richtung Port Edward) nach Redoubt (16 km) – Port Edward (37 km) – Abzweig Leisure Bay (9 km) – Abzweig Palm Beach (5 km) – Trafalgar (4 km) – Marina Beach (3 km) – Southbroom (4 km) – Paradise Holiday Resort/Southbroom (1 km)

Southbroom - Ballito
Paradise Holiday Resort (R 61) – Abzweig Shelly Beach (18 km) – Oribi Plaza (6 km, Mautgebühr 4,80 Rand) – Auffahrt auf N 2 (Richtung Durban, 5 km) – Abzweig Banana Beach (11 km) – Abzweig Ifafa Beach (26 km) – Abzweig Scottsburgh (26 km) – Kingsburgh (24 km) – Amanzimtoti (5 km) – Abzweig von N2 auf M 4 zur City nach Durban (13 km) – Beach von Durban (18 km) – Auf der M 4 zur Nordküste (6 km) – Abzweig Umgeni River (9 km) – Abzweig Umhlanga (6 km) – Auffahrt auf N 2 (1 km) – Abzweig Umhlanga Rock (2 km) – Auffahrt N 2 (Richtung Stanger/Ballito, 2 km) – Tongaat Plaza (17 km, Mautgebühr 3,50 Rand) – Ballito (10 km) – Abzweig Shakas Rock (2 km) – T-Kreuzung R 102, rechts (Richtung Stanger, 3 km) – Shakas Kral (4 km) – Stanger (15 km) – Stadtbesichtigung, Abzweig (rechts) zur N 2, 5 km) – Auffahrt auf N 2 (Richtung Empangeni, 3 km) – Abzweig Zinkwasi Beach (13 km) – Abzweig Tugela Mouth (12 km) – Abzweig Nyoni (12 km) – Abzweig N 2 /Gingindlovu (8 km) – Dokodweni Toll Plaza (5 km, Mautgebühr 6 Rand) – Abzweig R 102, Gingindlovu (3 km) – Zurück zur N 2 (5 km) Dokodweni Toll Plaza (Mautgebühr 6 Rand) – Abzweig Tugela Mouth (19 km) – Abzweig Zinkwazi Beach (12 km) – Abzweig Stanger (12 km) – Mvoti Toll Plaza (8 km, Mautgebühr 4,10 Rand) – Shakas Kral (3 km) – Umhlali Beach (8 km) – Abzweig Ballito, auf die M 4 (links) (5 km) – Ballito (1 km) – Dolphin Holiday Resort (3 km)

Streckenlänge

Direktstrecke 200 km (bis Port Alfred) und 45 km (bis Cannon Rocks Holiday Resort) und 278 km (bis Gonubie Caravan Park) und 544 km (bis Paradise Holiday Resort) und 204 km (bis Dolphin Holiday Resort)

Straßenzustand

Meist gute Fern- und Schotterstraßen. Nebenstrecken nur teilweise asphaltiert; z.T. starke Höhenunterschiede. Ländliche Straßenverhältnisse (Vieh auf der Straße usw.) in der ehemaligen Transkei.

Campingplätze

Grahamstown *Caravan Park*
Der städtische »Caravan Park« (Tel. 0461/2-9112) am Mountain Drive bietet Stellplätze auf Gras im Schatten sowie einfache Rondavels (bis zu 4

Personen) und Chalets (bis zu 5 Personen)

Port Alfred
Medolino Holiday Resort,
Tel. 0464/4651 (Port Alfred Kowie West, 23 Steward Road, Stellplätze für Caravans und Zelte, Stands (220 Volt), Gas, Cottages, Kinderspielplätze, Restaurant)
Willows Caravan Park,
Tel. 0464/4-2839 (Unweit der Brücke über den Kowie River)
Riversite Caravan Park, Mentone Road, Tel. 0464/4-2230 (Am Westufer des Flusses nördlich vom Zentrum, Campingplatz, Chalets)
Cannon Rocks Holiday Resort,
Tel. 046/654-0043, Fax 654-0095, 88 Stellplätze für Caravans und Zelte, Unterkünfte, 88 Stands (220 Volt), Gas, Duschen, Toiletten, 4 Waschanlagen, Kinderspielplatz, Swimmingpool, Restaurant

King William's Town/*Caravan Park*
Der städtische Campingplatz (Tel. 0433/2-3160) befindet sich in der Cathcart Street am Ostende der Stadt in Richtung Grahamstown und ist etwas laut.

East London/*Lagoon Valley Holiday Resort*
In Cove Rock, das man 2 km hinter dem Flughafen, den Settler's Way entlang und dann links zum Marien Drive erreicht, befindet sich die malerische Ferienanlage des »Lagoon Valley Holiday Resort« (Tel. 0431/46-1080) mit Caravanstellplätzen und 20 Cottages.
Marina Glen Caravan Park,
John Bailey Road, Tel. 0431/287 53 (Camping und Carvanstellplätze, teuer)
Gonubie Holiday Resort (Gonubie 5236, östlich von East London), Tel. 0431/40-2081, Fax 40-2358, 88 Stellplätze für Caravans und Zelte, 88 Stands (220 Volt), 26 Unterkünfte, Gas (1 km), 23 Duschen und Bäder, 30 Toiletten, 9 Waschanlagen, Restaurant (1 km)
Kei Mouth Caravan Park (östlich von East London), Tel. 0432/724
Cintsa Bay Holiday Resort (östlich von East London), Tel. 0431/38-3015

Umtata
Ein einigermaßen akzeptabler Caravan Park befindet sich am Holiday Inn an der N2 in Richtung East London (Tel. 0471/37-0181, Fax 37-0191).

Southbroom/*Paradise Holiday Resort*
Southbroom 4277, Tel. 039/313-0655, Fax 313-0766
72 Stellplätze für Caravans und Zelte, 72 Stands (220 Volt), Gas, 30 Unterkünfte, 20 Duschen und Bäder, 25 Toiletten, 6 Waschanlagen, Kinderspielplatz, Swimmingpool, Restaurant (3 km)

Durban
Es gibt drei Caravan Parks, wovon zwei allerdings ziemlich weit vom Zentrum entfernt sind: Noch nahe

am Strand in der Brickhill Street befindet sich der *Campbell Caravan Park* (Tel. 031/705-4066), doch zu den beiden anderen Parks muß man von der N2 die Ausfahrt Brighton Beach nehmen und in südöstlicher Richtung auf dem Edwin Swales VC Drive fahren, der unweit der Kreuzung zur Grays Inn Road auf die Bluff Road stößt.
Ab dem Marine Drive, südlich von Bluff, befindet sich dann der *Anstey Caravan Park* (Tel. 031/47-4061) in der 8 Ansteys Road, und etwas südlicher und landeinwärts das große Gelände des *Durban Caravan Park* (Tel. 031/47-3929) in der 55 Grays Inn Road mit Stellplätzen für Caravans und Zeltplätzen.

Ballito/*Dolphin Holiday Resort*
101 Compensation Beach Resort, Ballito 4420, Tel. 0322/62187, Fax 63490
100 Stellplätze für Caravans und Zelte, 100 Stands (220 Volt), Gas, 8 Chalets, 28 Duschen und Bäder, 30 Toiletten, 8 Waschanlagen, Kinderspielplatz, Swimmingpool, Restaurant (100 m)

Sehenswert

Grahamstown
Fort Selwyn (1835), Gunfire Hill
Settler's Monument, Gunfire Hill (Mo-Fr 9.30-13, 14-17 Uhr, Tel. 0461/271 15) für die Siedler von 1820 errichtet, mit den Bronzefiguren einer Siedlerfamilie in der damaligen Tracht. Überdies bietet Grahamstown reichlich Gelegenheit, etwas für sein Seelenheil zu tun: Es gibt jede Menge durchaus seheneswerter Sakralbauten: *Cathedral of St.Michael and St.George*; Bischofskathedrale, Church Square
(1824 begonnen, 1952 fertiggestellt) mit 45 m hohem Glockenturm
Römisch-katholische *St. Patrick's Cathedral* im neugotischen Stil
Commemoration Church, Methodistische Gedächtniskirche (1844)
Presbyterianische Kirche (1842)
Neugotische *Christuskirche*, auf einer Anhöhe stehend.
Das *JLB-Smith-Institut für Ichthylogie* hat allerdings nichts mit Kirche zu tun, es beherbergt das Fischmuseum mit dem sagenhaften Coelacanth.

King William´s Town
Auch hier jede Menge Kirchen, etwa die *Anglican Holy Trinity Church* (1850). Eher weltlich: die *Town Hall (1867)*, streng christlich dagegen wieder das *Missionary Museum*, Berkley Street (Mo-Fr 9-17 Uhr) in der früheren Wesleyaner-Kirche (1855).
Kaffrarian Savings Wesbank (1908), Taylor Street, und *Kaffrarian Museum*, 3 Albert Road (Mo-Fr 9-12.45, 14-17 Uhr, Tel. 0433/245 06)
mit Gegenständen aus der Pionierzeit der deutschen und britischen Siedler geben einen Eindruck vom sittenstrengen Leben damals.

East London

Das East London Museum (Oxford Street, Mo-Fr 9.30-17, Sa 9.30-12 Uhr) beherbergt eine naturgeschichtliche Sammlung, in der man den ersten Coelacanth, einen vorgeschichtlichen Fisch mit beinartigen Flossen, sehen kann. Er wurde 1938 am nahegelegenen Chalumna Beach aus dem Wasser gefischt, obwohl er seit über 50 Mill. Jahren ausgestorben schien. Ferner kann man das vermutlich einzige existierende Ei des Dodo von Mauritius bewundern, eines flugunfähigen Vogels, der im 17.Jhdt ausgerottet wurde.

Durban:

City Hall und Museen , Smith Street (Mo-Sa 9-17 Uhr, Tel. 031/300-6238) ein stattliches Gebäude aus dem Jahre 1919 mit der 52 m hohen kupferbedeckten Kuppel des Glockenturms und einer von Säulen getragenen Vorhalle, ist ein fast genaue Nachbildung des Rathauses von Belfast in Nord-Irland. Das Rathaus enthält auch die Stadtbibliothek, einen Konzertsaal und die im 2. Stock befindliche »Durban Art Gallery« (Mo-Sa 8.30-17, So 11-17 Uhr) mit Gemälden und Arbeiten aus Keramik, Elfenbein, Silber, Gold und Porzellan, sowie das »Natural History Museum« zur Kunstgeschichte der Provinz. KwaZulu/Natal. Museum und Kunstgalerie (Mo-Sa 8.30-17, So 11-17 Uhr geöffnet, Tel. 031/300-6911) sind von der Smith Street zugänglich. Vor dem Rathaus liegt der Francis Farewill Square mit Palmen und subtropischen Gewächsen sowie zwei Kriegerdenkmälern und Statuen

Local History Museum, Aliwal Street, (Mo-Sa 9-17, So, Fr 11-17 Uhr, Tel. 031/300-6241, 300-6276). Das alte Gerichtsgebäude (1863) mit historischen Gegenständen aus der Kolonialzeit Natals und des Zululandes beherbergt im Obergeschoß auch eine interessante Buchhandlung.

Natal Playhouse (Kartenreservierung unter Tel. 031/304-2753, 304-3631) bietet Theater, Opern und Konzerte.

Die *Da Gama Clock* wurde 1897 von der portugiesischen Regierung zur Erinnerung an Vasco da Gamas Landung (1497) gestiftet. Nebenan befindet sich das »Maritime Museum« mit mehreren historischen Schiffen.

Die *Statue von »Dick« King* erinnert an einen Leutnant der Freiwilligen Natals, der 1842 auf einem zehntägigen halsbrecherischen Ritt durch unwegsames Gelände nach Grahamstown jagte, um die dort stationierten britischen Truppen von der Belagerung Durbans durch die Buren zu unterrichten und britische Verstärkung zu holen.

Juma Mosque von 1890 (Tel. 031/306-1724, Führungen durch Islamic Propagation Centre, Tel. 031/32-0519). Deutlich jüngeren Datums ist *Seaworld*, 2 West Street (tgl. 9-21 Uhr, Tel. 031/37-3536, 37-4079): Ein Aquarium mit lebenden Haien, Delphinen, Seehunden, Pinguinen; Fütterung der Haie tgl. 12.30 Uhr.

BERG-ROUTE

Von der Küste in die Drakensberge

Von der »letzten Bastion des britischen Empire« zu den phantastischen »Bergen der Drachen«. Hohe Basaltmauern, tiefe Schluchten und gewaltige Wasserfälle. Bergwanderung im Angesicht des »Amphi-Theaters«.

Pietermaritzburg und Howick Falls

Auf dem Weg zu den Drakensbergen ist ein Besuch von *Pietermaritzburg* durchaus lohnenswert. Die Voortrekker, die 1830 das Gebiet um Maritzburg erreichten, gründeten hier zwischen den Hügeln der Midlands, am Ufer des Mzunduzi River, 1838 die Hauptstadt ihrer Republik Natal, nachdem ihnen der Zulu-König Dingaan das Land südlich des Tugela River zur Nutzung übergeben hatte. Doch er lockte die Buren in seinen Kraal in Umgungunhlovu und tötete deren Anführer Pieter Retief sowie 600 Kolonisten. Nach diesem Massaker gelang es dann dem Burenführer Andries Pretorius, die Zulu am Blood River zu besiegen. An der Stelle ihres Sieges wurde zunächst eine Siedlung errichtet, aus der später eine Stadt mit breiten Straßen und großen Gärten wurde; sie erhielt ihren Namen nach den beiden Anführern Piet Retief und Gert Maritzburg – Pietermaritzburg. Trotz dieser »burischen« Geschichte macht die Stadt mit den kopfsteingepflasterten Gassen, den viktorianischen Häusern und roten Backsteingebäuden, den gußeisernen Geschäftsfassaden und Parks voller Rosen und Azaleen auf mich durchaus den Eindruck der »letzten Bastion des British Empire«, wie es schon mal bezeichnet wurde. Am früheren Marktplatz, befindet sich die 1840 errichtete, mehrfach umgestaltete Memorial Church mit einer Sammlung von Gegenständen aus der Zeit der Voortrekker und dem Thronsessel des Zulu-Häuptlings Dingaan, der aus einem Eisenholz-Baumstamm geschnitzt ist. Vor dem Gebäude stehen die Statuen der Voortrekker Piet Retief und Gert Maritz.

Hier ein Wasserfall, der nicht so bekannt ist. Rund 100 Meter stürzt sich der Umgeni River über die Howick Falls in die Tiefe.

Von hier aus sind es nur wenige Schritte über den Church Square zur alten City Hall, einem imposanten Gebäude aus bemaltem Glas und

Kuppeln mit hohem Glockenturm und Westminster-Uhr. Das reichgeschmückte rote Backsteingebäude ist das größte Ziegelgebäude der südlichen Hemisphäre. Gegenüber dem Old Colonial Building in der zur Fußgängerzone ausgebauten Church Street, befindet sich eine Bronze-Statue aus dem Jahre 1993, die daran erinnert, daß vor 100 Jahren hier Gandhi aus rassistischen Gründen aus dem Zug geworfen wurde.

Auf der N 3 hinter Pietermaritzburg überqueren wir den Umgebi River, der wenige hundert Meter weiter bei *Howick Falls* über eine 95 m hohe Doleritschwelle in eine tiefe Schlucht stürzt. Der Wasserfall ist am eindrucksvollsten nach den sommerlichen Regenfällen, wenn der Fluß viel Wasser mit sich führt. Neben der Schlucht befindet sich eine Aussichtsplattform, von der sich uns ein herrlichen Blick auf das Naturschauspiel bietet.

Die Berge der Drachen

Bereits wenige Kilometer hinter Pietermaritzburg im Angesicht der imposanten Drakensberge empfängt uns eine Natur, die wechselnde

In der Ferne grüßt die gewaltige Basaltwand. Die Buren nannten sie »Berge der Drachen« wegen der Ähnlichkeit der gezackten Bergkette mit dem Rücken dieser Tiere.

Das Giant's Castle Nature Reserve – eine Hochfläche, bestehend aus Tälern und Berghängen. Die wenigen Tage einer Südafrika-Rundreise reichen nicht aus, die Sehenswürdigkeiten dieser einzigartigen Landschaft auch nur annähernd kennenzulernen.

grandiose Lichtspiele entfesselt. Die lebhaft gefärbten Sedimentgesteine, insbesondere Schiefer, Sand- und Tonstein, bieten unter dem dunklen Basalt in den Tälern und Schluchten ein äußerst kontrastreiches Farbspektrum. Die Sonne bricht hervor und läßt die Bergwelt wie eine Symphonie schillernder Farben erscheinen. Ihre Strahlen spiegeln sich im grünlich schimmernden Flüssen, ihr Licht glitzert im nassen, feuchten Tau der vergangenen Nacht.

Wir befinden uns auf einer der spektakulärsten Routen Südafrikas, wo uns »Natur pur« mit atemraubenden Ausblicken auf eine der großartigsten Gebirgslandschaften Afrikas erwartet. Die Zulu nannten das Gebirge »uKhathlamba«, was soviel wie Barriere bedeutet. Tatsächlich wird die Region beherrscht von einer 3000 Meter hohen Basaltwand, die den Giant's Castle und das Injasuti Valley mit seinen schönen Wäldern und Sandsteinklippen verbindet. Den Voortrekkern erschien der gezackte Rand des Gebirges wie der Rücken eines Drachen, weshalb sie es »Drakensberg« (Drachenberg) nannten. Wir haben die besonders interessanten Zentral-Drakensberge (Giant's Castle bis Cathedral Park) und die Nord-Drakensberge (das Gebiet um Mont-aux -Sources) auserkoren, die einen der Höhepunkte der gesamten Südafrika-Tour darstellen werden. Die finstere, schroffe Mauer von Cathkin Peak, die von zahllosen Flüssen und Brücken gespalten wird und die bei Giant's Castle einen eindrucksvollen Eckstein des *Giant's Castle Game Reserve* darstellt, ist der wohl eindrucksvollste Teil der Drakensberge.

Abstecher nach Escourt und Winterton

Ausgangspunkt unserer Abstecher in die Drakensberge ist *Estcourt*, das älteste Städtchen Natals, heute Industriezentrum und Mittelpunkt eines reichen Farmlandes. Den Namen verdankt das Städtchens dem britischen Parlamentsabgeordneten Thomas H. S. Estcourt. Die Gründung geht auf eine Voortrekker-Siedlung zurück, die Gerritt Maritz 1838 an einer großen Schleife des Bushman's River errichtete. Das 12 Kilometer nördlich gelegene Bloukrans Historical Monument erinnert heute noch an ein Massaker zwischen den Voortrekkern und den Zulu zu dieser Zeit. Die Zulu hatten damals die Voortrekker in ihren Lagern angegriffen, kurz nachdem Piet Retief und seine Gruppe niedergemetzelt worden waren. Dagegen bietet das niedliche Nest *Winterton* mit seinen baumbestandenen Straßen kaum touristische Sehenswürdigkeiten. Es ist jedoch Ausgangspunkt der Besuche des Champagne Castle und des Cathedral Peak.

Unmittelbar hinter Estcourt, das noch am Fuße der Berge liegt, erstreckt sich typische Buschvegetati-

Wohnmobil auf schönem Campingplatz vor der grandiosen Kulisse der Bergwelt im Royal Natal National Park. Weckt das nicht das Fernweh?

Herrlich sind die Ausblicke während der Wanderung zu den Tiger Falls im Royal Natal National Park. Ein Ausflug, der eingeplant werden sollte.

on mit Dornbuschakazien, deren gelbe Blüten die Luft mit intensivem Duft verwöhnen. Und mit Schirmakazien, über denen sich der Himmel mit seinen watteähnlichen Wölkchen ins Unendliche auszubreiten scheint. Was für ein Fernlicht! Tagsüber wachsen aus den morgendlichen Dunstschleiern kleine Siedlungen hervor. Gegen Nachmittag

werfen die Bäume immer länger werdende Schatten, die sich mit jeder Minute zu neuen graphischen Mustern verwandeln. Abends türmen sich purpurne, von gleißendem Gold gesäumte Wolken am Horizont auf. Die Dämmerung bricht rasch herein. Der Tag klingt spaktakulär aus und die Hütten verwandeln sich in eindrucksvollen Silhouetten, die sich wie Scherenschnitte vor dem unvergleichlichen Bergpanorama abzeichnen. Die Schatten der Bäume an den Berghängen werden immer länger. Sobald die Sonne hinter den Bergspitzen verschwunden ist, erglüht der zerrissene Kamm in karminroten Farbtönungen. Das Lagerfeuer brennt, die Steaks liegen auf dem Rost. Braaivlees, Boerewors, Bacon und Bier sind fester Bestandteil der südafrikanischen Eßkultur, nichts für einen ohnehin schon hohen Cholesterinspiegel also. Doch das Feuer brennt, der Kessel summt und das Fleisch duftet verführerisch. Ich werde bestimmt nicht abnehmen während dieser Reise. Dann senkt sich tiefe Nacht über den Dragon Peaks Park in Champagne Castle mit dem höchsten Gipfel der Drakensberge. Ich fühle mich der Ewigkeit nahe.

Royal Natal National Park

Von Bergville, an der R 74 gelegen, meist verschlafen, wenn nicht gerade freitags eine Viehauktion stattfindet, gelangen wir zu einem weiteren Höhepunkt unseres Ausflugs in die Drakensberge – den Royal Natal National Park. Er ist in den höheren Lagen charakterisiert durch einen immergrünen feuchten Bergwald und eine Heidelandschaft, in den niedrigeren Ebenen durch klei-

Wechselnde Lichtspiele sind kennzeichnend für die herrliche Bergwelt der Drakensberge.

ne Seen und Dickichte, vereinzelte Moore und Fynbos, die südafrikanische Hartlaubvegetation. Den spektakulärsten Teil des Royal Natal National Parks aber bildet zweifellos das »Amphitheater« im Süden des Parks, das sich als gewaltige Felswand und langer, halbmondförmiger Teil der großen Randstufe erhebt, umrahmt von den beiden Gipfeln Sentinel und dem Eastern Buttres. Da hier die Vorberge fehlen, steigt die hohe Basaltmauer steil von der Basis in die Höhe. Das Foto von diesem gewaltigen Berg wird eines meiner Lieblingsbilder sein, die

ich von den Drakensbergen mitbringen werde.

Das Hochplateau wird im Hintergrund überragt vom hohen Mont-Aux-Sources, der seinen Namen »Berg der Quellen« von zwei französischen Missionaren erhielt, die ihn in den dreißiger Jahren des vorigen Jahrhunderts als erste Weiße bestiegen. Aus der Wasserscheide des höchsten Berges des Landes entspringt der nach Westen fließende Orange River und der nach Osten strömende Tugela River, der zuerst über Kaskaden und dann 183 Meter im freien Fall ins Tal stürzt. Die sich dort erstreckenden Ebenen dienen Rehantilopen, Bergriedböcken, Gnus, Pavianen und Klippspringern als idealer Lebensraum.

Am sehr schön gelegenen privaten »Royal Natal National Park Hotel« entlang steige ich zu den Tiger Falls auf. Was für ein unwirkliches Licht am frühen Morgen! Ich erblicke ein herrliches Bergpanorama, in Blau, Rot und Grün gegossen, vorübergehend von dunklen Wolken zu bedrohlich wirkender dramatischer Stimmung gesteigert. Der Weg führt hoch hinauf durch ein Stück Regenwald und dann weiter zu den Gudu Falls. Am Nachmittag steige ich längs des »Mahai Camps« am Mahai-Bergbach wieder herab und kehre zurück zu unserem Caravanpark »Rugged Glen«. Abends sitzen wir vor unserem Wohnmobil, genießen die großartige Landschaft ringsum, bereiten über offenem Feuer einen kräftigen Eintopf und trinken so manches Glas rotfunkelnden Weines. Die Mondlandschaft hebt sich schwarz von dem sich schnell rot färbenden Abendhimmel ab, der sich rasant gelblich, tintenblau und schließlich schwarz färbt. Der milchige Mond spielt, faul auf dem Rücken liegend, mit den Sternen in dunkelblauer Nacht.

LESOTHO
Ladysmith
Mont-aux Sources
Royal Natal NP
Woodstock Dam
Bergville
Winterton
Cathedral Peak
Cathkin Peak
Champagne Castle
Frere
Estcourt
Giants Castle GR
Giant's Castle
Mooi River
Mooirivier
Greytown
Tugela
R 33
R 68
Melmoth
White Umfolozi
Nkwalini
R34
Empangeni
Eshowe
Richards Bay
R66
N 2
Gingindlovu
R102
Tugela
Fort Mtomben
Stanger
New Hanover
N 3
Waterfalls
Valley of 1000 Hills
Howick
Tongaat
Ballito
Pietermaritzburg
Durban
Mzimkulwana NR
Sani Pass
Orange
Umkomaas
Underberg
Richmond
R 56
Ixopo
Swanberg
Umzimkulu
Umzinto
Matatiele
Cedarville
Kokstad
Harding
Brooks Nek
Mount Fletcher
Umzimkulu
Southport
Port Shepstone
Tina
Mount Frere
Mount Ayliff
T4
Bizana
Magusheni
R61
Southbroom
Port Edward
St. Lucia
R618
Mtubatuba
GR
NR
NP

Strecke:

Durban - Pietermaritzburg: ca. 80 km
Pietermaritzburg - Howick Falls: ca. 25 km
Howick Falls auf der R 103 nach Mooirivier: ca. 51 km
Mooirivier - Estcourt: ca. 30 km

Streckenführung

Ausflüge in die Drakensberge: Insgesamt 377 km
Estcourt - N 3 (5 km) - Weiter zur Kreuzung White River (31 km) - Weiter bis Kreuzung nach Hillside (links) (4 km) - Geradeaus weiter bis Kreuzung Kwa Dlamini (5 km) - Geradeaus weiter bis Kreuzung Mahlotshini (3 km) - Rechts abbiegen bis Main Gate Giant's Castle (11 km) - Giant's Castle (8 km)
Streckenlänge: Estcourt - Giant's Castle ca. 67 km

Estcourt auf der R 103 - Kreuzung mit der R 74 (19 km) - Links abbiegen und auf der R 74 bis Frere/N 3 (2 km) - Geradeaus weiter auf R 74 bis Winterton (22 km)
Streckenlänge: Estcourt - Winterton ca. 43 km

Zwei Alternativen für die Weiterfahrt:
1.) Alternative Champagne Castle, Streckenlänge ab Winterton 38 km
Auf die R 600 bis zur Kreuzung Tourist Information Board (15 km) - Geradeaus weiter bis zur Kreuzung (13 km), rechts nach Drakensberg Sun - Geradeaus weiter zum Champagne Castle (10 km)

2.) Alternative Cathedral Peak,
Streckenlänge ab Winterton 46 km
Bis Kreuzung Tourist Information Board (15 km) - kurz rechts, dann links nach Cathedral Peak (31 km)

Winterton auf der R 74 nach Bergville (23 km) - Von Bergville auf der R 74 weiter bis Drakensberg (30 km) - Abzweig links bis Visitor's Centre im Royal Natal National Park und Rugged Glen (20 km)
Streckenlänge ab Winterton zum Royal Natal National Park ca. 73 km

Streckenlänge:

Direktstrecke Durban - Estcourt ca. 186 km
Gesamtstrecke mit Abstechern: ca. 377 km und 186 km (ca. 563 km)

Straßenzustand

Der Zustand der Straßen ist gut, auch die Zufahrt in die Drakensberge (z.B. zum Royal Natal National Park). Einige Schotterwege sind bei Regen schwierig zu befahen.

Campingplätze

Howick/ *Municipal Caravan Park*
Morling Street, Tel. 0332/30-6124
(Stellplätze für Caravans und Zelte, Hütten und Rondavels, in der Nähe der Water Falls)
Midmar Public Nature Resort,
Tel. 0331/47-1981
(Stellplätze für Caravans, 47 Chalets sowie 16 Hütten)

Estcourt/ *Municipal Caravan Park*
Estcourt, Lorne Street, Tel. 036/2-3000, Fax 33-5829
(Preisgünstiger Caravanpark in Estcourt)

Giant's Castle Game Reserve/
White Mountain Lodge
(Tel. 0363/24437 oder 24644, Fax 24437)
Stellplätze für Caravans und Zelte, Stands (220 Volt), Chalets, Kinderspielplatz, Restaurant
Das nahe gelegene *Wagendrift Public Resort Nature Reserve* (Tel. 0331/47-1981) ist ein beliebtes Ausflugsziel für Angler und Wassersportler an einem Stausee und bietet auch Camp sites.
Hillside, Tel. 03631/2-4435
(Im Nordosten des Reservats, Campingplätze und eine Hütte für bis zu 8 Personen, ohne Elektrizität)
Injasuti Hutted Camp,
Tel. Loskop 1311
(Am Nordrand des Reservats, Campingplätze und 19 einfache Blockhütten)

Bergville/ *Caravan Park*
Der Bergville Caravan Park (Tel. 036/448-1273) liegt etwas außerhalb des Ortes.

Cathedral und Cathkin Peak
Dieser Campingplatz im Bezirk Winterton 3340 ist sehr empfehlenswert: *Dragon Peaks Holiday Resort*, Tel. 036/468-1031, Fax 468-1104 (Südlich des Cathedral Peak am Fuße des Cathkin Peak, Club Caravelle, der

am besten ausgestattete Caravan Park des Landes, Stands (220 Volt), Gas, Tankmöglichkeit, Kinderspielplatz, Swimmingpool, Restaurant, Shop)

Royal Natal National Park
Mahai Camp (Tel. 036/38-1803) am Mahai-Bergbach (400 Stellplätze für Caravans und Zelte, Stands (220 Volt), Waschmaschinen)
Rugged Glen Caravanpark (Tel. 036/438-1803) am nordöstlichen Parkrand (45 Standplätze für Caravans und Zelte)

Sehenswert

Estcourt
Fort Durnford (1875) mit historischem Museum (Mo-Fr 9-12, 13-16 Uhr, Tel. 0363/2-3000).

LAND DER ZULU UND SWAZILAND

Von Durban zum Kruger National-park

Von feuchtheißen Lagunen, durch das Land von Shaka Zulu mit artenreichen Wild-reservaten, über das Hoch-land des Königreichs der Swazi, zu Südafrikas berühm-testem Nationalpark. Schlickige Sümpfe und Seen mit Flußpferden, Berg-Zebras und die seltenen Nashörner. Irrfahrt nach Sodwana Bay. Uralte Rituale und nahezu unverfälschte Traditionen.

Zuckerrohrfelder und Badeparadiese

Die gesamte kilometerlange Küste nördlich von Durban ist ein Paradies für sonnenhungrige Urlauber mit komfortablen Hotels, vielen Campingplätzen und Ferienanlagen. Der Küstenabschnitt zwischen Tugela Mouth und Umhlanga River wird Dolphin Coast genannt, denn die Delphine kommen oft bis dicht ans Ufer.

Wir nutzen die Zeit und machen einen Abstecher ins Land von Shaka Zulu. Schneeweiße Dunstschwaden türmen sich noch an der Küste, als wir uns im strahlenden Licht der Morgensonne ins Zululand aufmachen.

Hier gibt es weite Zuckerrohrfelder, die wie ein wogender grüner Teppich wirken, über dem Haufen- und Zirruswolken vor tiefblauem Himmel eine Farborgie aus Rot- und Goldtönen zaubern. Daneben laden üppige subtropische Vegetation, hügelige Gebiete und offenes Buschland zum Verweilen ein, weshalb die Region auch »Land der tausend Hügel« genannt wird. Unsere Fahrt begleiten traditionelle Rundhütten, Rinderherden, Bananenplantagen und Maisfelder. Der Ort *Stanger* wurde 1873 an der Stelle errichtet, an der 1828 der Zuluherrscher Shaka in seinem Kraal Dukuza (»Ort, wo man verlorengeht«) von seinen Halbbrüdern Dingaane und Mhlangane ermordet wurde.

Ein 1932 errichtetes Denkmal an der Couper Street erinnert an dieses Ereignis. Der Ort wirkt staubig und ein wenig heruntergekommen. Wir begegnen auf der Straße nur Schwarzen und Indern. Bei Gingindlovu verlassen wir die N 2 und biegen ins Binnenland auf die R 66 ab. Sie steigt auf einer Länge von etwa 26 Kilometern um 450 Meter an bis zum Städtchen *Eshowe*, wo 1860 der Zu-

Der spektakulärste Teil des Royal Natal National Parks ist das Amphitheater, das sich als gewaltige Felswand und langer halbmondförmiger Teil der Randstufe erhebt. Dieser Teil der Drakensberge ist ein absolutes Highlight für jeden Touristen, der die Bergwelt liebt.

lu-Herrscher Cetshwayo seinen Kral errichten ließ.

Die feuchte Küstenlandschaft läßt an den tausend Hügeln im Binnenland häufig dichte Nebel entstehen. Besonders an Ecken und in Kurven muß man auf Fußgänger und Tiere achten. Auf der Fahrt durch das sanftgewellte Zululand scheinen die riesigen Zuckerrohrfelder kein Ende zu nehmen.

Traditionell leben die Zulu in Gehöften, die aus kreisförmig angeordneten, grasbedeckten Hütten

Streckenführung

Von Ballito nördlich Durbans fahren wir auf der N 2 Richtung Norden, zweigen nach Gingindlovu ab (66 km) und erreichen Eshowe (24 km). Nach 74 km wird der Abzweig nach Shakaland, nach weiteren 14 km Steward's Farm erreicht. Bis Empangeni sind es 35 km, bis zum Abzweig Mtubatuba nochmals 58 km. Wir verlassen die N 2 bei Mtubatuba, um auf der R 618 in östlicher Richtung ca. 30 km später nach St. Lucia zu gelangen, wo direkt am Lake St. Lucia am Ende der Straße der Campground des Natal Parks Board Campsite Sugar Loaf liegt.

Nach einem Ausflug in den Nationalpark Hluhluwe heißt es früh aufstehen, um (zunächst zurück auf der R 618 bis Mtubatuba) wieder auf der N 2 am Abzweig Hluhluwe (50 km ab St. Lucia) vorbei über Mkuze (weitere 50 km) bei Golela (48 km hinter Mkuze) die Grenze nach Lavumisa/Swaziland zu erreichen. Wir fahren im Königreich vorbei an Nsoko 72 km bis Big Bend, von wo es, vorbei an Siphofaneni (6 km weiter) weitere 45 km nach Manzini sind. Über Kwasulweni und Ezulweni gelangen wir ins ca. 31 km entfernte Mbabane. Von hier sind es weitere 48 km bis Piggs Peak. Wir setzen unsere Fahrt 42 km fort in Richtung Norden bis zum Grenzübergang nach Südafrika. Auf der R 570 und ein Stück die N 2 entlang fahren wir 46 km bis zum Malelane Gate am Kruger Nationalpark und folgen der Beschilderung 13 km in nordwestlicher Richtung zum Berg-en-Dal Campsite.

bestehen und normalerweise von einer Hecke umgeben sind. In der polygamen Welt der Zulu liegt die Hütte der Hauptfrau am Eingang nahe dem Viehpferch. Jede Zulufrau besitzt ihre eigenen Hütten, vielfach je eine zum Schlafen und eine für die Hausarbeit. Zudem besitzt jede Frau ihre eigenen Felder und Vorratsräume. Für heranwachsende Kinder gibt es je eine Hütte für Knaben und Mädchen. Kinder gehören dem Vater. Wenn eine Ehe bricht, bleiben die Kinder bei ihm. Der komplizierte Kopfschmuck der Zulufrauen besteht aus Ocker und Fasern und wird oft um ein gedrehtes Tuchstück gearbeitet, anschließend mit Perlen kunstvoll verziert. Nur verheiratete Zulufrauen tragen den charakteristischen roten, perlenbestickten Kopfschmuck (»inhloko«), dazu einen ledernen Faltenrock (»isidwaba«) und ein Oberteil aus weichem Antilopenleder (»isibhamba«). Junge Zulufrauen, die noch unverheiratet sind, gehen mit nacktem Oberkörper.

Wir besuchen das touristische Zuludorf Shakaland, wo man das traditionelle Stammesleben der Zulu wenigstens noch erahnen kann. Täglich finden Vorführungen für Touristen statt. Man kann das Zulu-Bier

»utshwala« probieren und bei einer Übernachtung mit Vollverpflegung ein typisches Zulu-Mahl probieren. Shakaland wurde 1984/85 für den Spielfilm über den legendären Zulukönig errichtet und dient heute als Unterkunft für die Bediensteten und Gäste.

Auch in KwaBhekitunga, einem echten Zuludorf, befinden sich Arbeits- und Wohnstätten der Zulu, die man nach Voranmeldung besichtigen kann. Desgleichen bietet Stewart's Farm nach vorheriger Vereinbarung ein traditionelles Essen und Tanzvorführungen an. Am authentischsten schien mir noch das Zuludorf KwaBhekitunga zu sein.

Schemenhaft huschen im Halbdunkel der blauen Morgenschatten erste Gestalten an mir vorbei. Kaum zeigt sich die Sonne am Horizont, da züngeln bereits kleine Feuer, um die sich nun die Vermummten in der Kühle zum Frühstück zusammenscharren.

Flußpferde und Krokodile: St. Lucia Game Reserve

Die Nacht weicht dem Tag abrupt, ohne romantische, glutrote Feuerbälle am Horizont. Der Tau der Nacht ist in wenigen Minuten verdunstet. Urplötzlich steht die glei-

Sanfte Hügel und Hütten mit vornehmlich Zuckerrohr-Feldern sind typisch für das Zululand. Ein Abstecher hierher ist sehr empfehlenswert.

ßende Sonne milchig-gelb über der Lagune. Wir befinden uns mittlerweile im St. Lucia Reserve. Es liegt mit einem großen See an der Küste und ist ein Paradies für Vogelfreunde sowie eines der bedeutendsten Feucht-

Überall während der Fahrt erblickt man die typischen Zulu-Gehöfte. Einige sehen mittlerweile schon recht modern aus und sind aus Stein, nicht mehr aus Lehm errichtet.

So kleiden sich verheiratete Zulu-Frauen. Diese Aufnahme von der farbenfrohen Kleidung und dem komplizierten Kopfschmuck entstand im KwaBhekitungu Kral.

gebiete in Afrika. Der See ist eigentlich die aufgestaute Mündung eines Flusses, die von dichten Küstenwäldern, Seerosentümpeln, Mangrovensümpfen und hohen Sanddünen umgeben ist. Ein Großteil des Gebietes rund um die Seenplatte besteht entweder aus Schilfgründen und Sümpfen oder aus Sandwäldern. Offenes Grasland und Küstendünenwälder sind charakteristisch für den schmalen Streifen Land zwischen dem Lake St. Lucia und dem Indischen Ozean. Hier befindet sich das »Sugar Loaf Resort« des Natal Parks Board, Ausgangspunkt für unsere Ausflüge in die Tierreservate KwaZulus/Natals in den kommenden Tagen. Wie ein vom

Wind vollgeblasenes Segel hängt der wächserne Mond am Sternenhimmel, verfinstert durch eine zunehmende Zahl kleiner Wolken. Die Nachtluft wabert feucht und heiß vor der Lagune. Etwas Sonne, Faulenzen und Baden haben wir uns nach der langen Reise seit Kapstadt verdient und so genießen wir einen erholsamen Tag. Allerdings sind die flachen Lagunen und Mangroven in St. Lucia ideale Brutplätze für Moskitos, so daß eine Malaria-Prophylaxe dringend anzuraten ist.

Ein Häuptling der Zulu im KwaBhekitungu Kral mit prachtvollem Leopardenfell als Zeichen seiner Würde.

Irrfahrt nach Sodwana Bay

Auf einer meiner vorherigen Reisen war ich im Mkuzi Game Reserve, wo es auch einen Campingplatz für Wohnmobile gibt. Da ich diesen Wildpark in guter Erinnerung habe, lenken wir unser Wohnmobil nach Hluhluwe, wo wir auf der Parallelstrecke der eintönigen N 2 zur Ortschaft Mkuze und zum Game Reserve gelangen wollen. Doch an einer Abzweigung, die linkerhand wieder zur N 2 ausgeschildert ist (der wir ja nicht folgen wollen) nehmen wir versehentlich den rechten Abzweig. Wir geraten auf eine Marterstrecke voller waschbrettartiger Querrillen. Die Gläser und Tassen unseres Wohnmobils tanzen in den Regalen, die Mikrowelle klappert bedrohlich. Wir kommen an einer Umzäunung vorbei und erblicken eine wunderschöne Giraffe. Ein Wegweiser zeigt zur Phinda Rock Lodge und dann zur Phinda Forest Lodge. Noch keimt in mir kein Verdacht, denn auch die mit großem Aufwand geführte luxuriöse, private Phinda Resource Reserve hatte ich Jahre zuvor besucht. Doch nach 40 Kilometern Fahrt auf der Rüttelpiste müßte jetzt eigentlich das Ziel erreicht sein. Wir durchqueren die Küstenlanschaft, die mit Dünenwald bewachsen ist und erblicken Silbereichen sowie Feigenbäume, in deren Schatten langstielige Papageienblumen

Hier befinden wir uns inmitten eines Zulu-Dorfes mit typischen Krals. Das Leben dieser großen und mächtigen Volksgruppe geht noch nahezu unverfälscht seinen Gang.

wachsen. Farbakzente werden durch Strelitzien gesetzt. Nur hin und wieder überholt uns mit hoher Geschwindigkeit ein allradgetriebener Geländewagen, sonst erblicken wir keine Menschenseele. Endlich begegnen wir eine Rinderherde und einigen Einheimischen, die meinem Fahrer erklären, nach Mkuze gehe es den Weg entlang, den wir gerade gekommen seien. Wir glauben an ein sprachliches Mißverständnis. Plötzlich kommen wir an einen Check Point der Armee, wo wir gestoppt werden. Ich erkläre dem Offizier der Truppe, wo wir herkommen und wo wir eigentlich hinwollen. Ungläubig mustert er mich und klärt uns auf, wo wir sind: Mbazwana. Das ist kurz vor Sodwana Bay! Wir haben nur die Wahl, die gefahrenen 80 Kilometer auf der Holperstrecke wieder zurückzufahren, oder nach Mkuze abzubiegen – ebenfalls rund 80 Kilometer. Ich entscheide mich für Mkuze, unserem geplanten Ziel. Jetzt wird die Zeit knapp, die Sonne beginnt zu sinken, die Schatten der Bäume werden länger. Ich räume das Geschirr aus den Schränken und verpacke es in der Bettwäsche. Dann »fliegen« wir mit hoher Geschwindigkeit über die Bodenwellen, anstatt sie sehr langsam auszufahren. Es wird eine Fahrt, die ich wohl nicht mehr so schnell vergessen werde. Endlich erreichen wir den Abzweig nach Jozini, doch ich entscheide mich wieder für Mkuze. Der Weg beginnt sich jetzt unaufhörlich aufwärts in die Berge zu ziehen; ein Blick in die Karte zeigt mir, daß wir die Ubombo-Berge ansteuern. Auch das noch! Das kostet Sprit, der allmählich zuende geht. Ein Blick auf die Tankanzeige beweist, daß mein Unbehagen nicht unbegründet ist. Das Abenteuer beginnt, keines mehr zu sein. Doch der Blick zurück auf die unter uns liegende Ebene ist phantastisch. Im Örtchen Ubombo, wo wir hoffen, Benzin auftanken zu können, ist die Tankstelle verwaist. Es wird dunkel, doch der Weg führt jetzt abwärts, verlängert somit die Frist bis zu dem befürchteten »Aus«. Schweißgebadet vor Anstrengung und Angst, auf der einsamen Strecke nachts liegenzubleiben, erreichen wir Mkuze und eine geöffnete Tankstelle. Nachdem wir aufgetankt haben stellt sich heraus, daß wir wohl noch 10 Kilometer hätten fahren können. Die Tankanzeige ist fehlerhaft. Erst jetzt gebe ich per Handy telefonisch durch, daß wir unser Lager in St.Lucia wohl erst lange nach dem Abendessen der Gruppe werden erreichen können. Doch wir werden ankommen.

Ins Hluhluwe und Umfolozi Game Reserve

Das Hluhluwe Reservat (»Schluschluwe« ausgesprochen) wurde 1897 gegründet und ist eines der ältesten Tierreservate Südafrikas. Es hat seinen Namen nach dem Zuluwort für die zu den Schmetterlingsblüten gehörende dornige Schlingpflanze. Der wunderschöne Naturpark schmiegt sich in die von der Küste

Die unverheirateten Mädchen der Zulu tragen ihren Oberkörper unbedeckt. Sie sind mit Ketten und perlenbestickten Bändern herrlich geschmückt.

Eine Aufnahme von unserem Standplatz auf dem Campingplatz in St. Lucia. Elektrische Versorgungsanschlüsse für das Wohmnobil sind überall vorhanden.

ansteigenden Hügel und bietet den seltenen Schwarzen und Weißen Nashörnern sowie verschiedenen Antilopenarten, Geparden, Löwen, Zebras, Giraffen und Warzenschweinen im abwechselungsreichen Biotop ausreichend Lebensraum. Der Park, der nicht nur Dornengestrüpp, Savannen und Dickicht sondern auch feuchte Bergwälder kennt, ist berühmt wegen der Nyala, Afrikas wahrscheinlich schönster und scheuester Antilopenart mit heller Rückenmähne von den Schultern bis zum Schwanzansatz und weißen Längsstreifen an den Seiten, sowie seiner Nashorn-Population.

Was wir über die großen, im Bestand gefährdeten und streng geschützten Kolosse erfahren, ist äußerst interessant. Das Nashorn wird überall in Afrika wegen seines Horns gewildert. Dieses besteht nicht aus Knochen, sondern (ähnlich wie Hufe und Nägel) aus dichten Bündeln haarähnlicher Strukturen. Man unterscheidet zwei Arten von Nashörnern: das »weiße Nashorn« genannte Breitmaulnashorn und das »schwarze Nashorn« genannte Spitzmaulnashorn. Die Bezeichnung geht auf ein sprachliches Mißverständnis zurück, denn die Buren nannten das Breitmaulnashorn wegen des breiten Mauls »wite«, also breit. In der englischen Übersetzung wurde daraus »white«, was aber weiß bedeutet. Das Spitzmaulnashorn (Black Rhino) besitzt einen fingerförmigen Greiffortsatz an der Oberlippe, mit dem es Blätter abzupft, hat nur geringe Sehkraft, aber ein ausgezeichnetes Gehör und einen guten Geruchssinn. Ein angriffslustiges Nashorn hält den Schwanz gestreckt, ein zur Flucht bereites Tier hat den Schwanz steil aufgerichtet und etwas nach vorne gebogen, es rennt mit erhobenem Kopf. Das Kalb des Spitzmaulnashorns folgt im allgemeinen seiner Mutter. Dagegen ernähren sich Breitmaulnashörner

(White Rhinos) ausschließlich von Gräsern und Kräutern. Das »Weiße Nashorn« besitzt daher eine stumpfe breite Oberlippe ohne Greiffortsatz. Die Tiere sind nicht so angriffslustig wie die Spitzmaulnashörner. Wenn das Breitmaulnashorn rennt, hält es seinen Kopf nahe am Boden. Das Kalb des Breitmaulnashorns geht der Mutter in der Regel voran.

Am Spätnachmittag finden wir an einer Flußbiegung, vom warmen Licht der Sonne übergossen, eine Gruppe Kaffernbüffel. Sowohl in offener Savanne wie in Waldgebieten kann man diese Tiere antreffen, die zu den gefährlichsten Afrikas gehören. Sie sind geradezu das Sinnbild geballter Kraft und suchen ein fruchtbares Revier in Wassernähe, wo sie nachts äsen und während der heißen Tageszeit unter einem Baum ruhen oder sich im Schlamm suhlen können. Büffel besitzen breite, nach außen gebogene Hörner, die in der Mitte fest zusammengewachsen sind und einen Wulst um die Stirn bilden. Von zehn Kämpfen mit Löwen, sagen die Experten, enden drei für sie tödlich, einer tödlich für den Löwen und sechs gehen ohne Sieger aus.

Die reizvolle Landschaft, vom tief eingeschnittenen Tal des Hluhluwe und anderen Flüssen durchzogen, ist größtenteils Hügelland und im Norden, auf den Höhen und an den Flußufern dicht bewaldet. Ansonsten besteht das Gebiet aus parkähnlicher Savanne mt Buschwerk und Grasland. Einen ganzen Tag sind wir mit Ranger George Meintjes unterwegs, zweifellos ein Höhepunkt unserer Reise durch Südafrika.

Im Königreich der Swazi

Nicht weniger bezaubernd, aber noch einsamer als in dem Wildpark, ist das Bergland von Swaziland. Als Verbindungsstück mit dem Kruger Nationalpark bietet sich die Fahrt durch das kleine Königreich geradezu an. Sehr früh fahren wir am Morgen zur N 2 und gelangen an

Der Eingang zum Hluhluwe Wildreservat. Das Wohmnobil stellt man hier ab, dann geht es mit Geländewagen der Ranger weiter.

Die in ihrem Bestand weltweit bedrohten Nashörner sind die sensationellste Sehenswürdigkeit im Hluhluwe Wildreservat. Streng bewacht, und in diesem Park mittlerweile so zahlreich, daß Tiere in andere Wildschutzgebiete Afrikas abgegeben werden können.

Mkuze vorbei zum Grenzübergang nach Swaziland. Die Straße mit einigen Schlaglöchern führt auf und ab entlang der hohen Ubombo Mountains rechterhand von Mkuze zunächst zum Abzweig nach Jozini, wo uns gefährliche Schlaglöcher und hartes Wellblech erwarten. Allmählich kommen Schirmakazien ins Bild. Es geht einen kurvenreichen Weg einen Paß abwärts, bis Golela erreicht wird, wo wir die Ausreiseformalitäten aus Südafrika erledigen. In Lavumisa, dem Grenzübergang von Swaziland, erhalten wir das kostenlose Visum und zahlen unsere Straßenbenutzungsgebühr. Die Straße in Swaziland ist erstaunlich gut und wird begleitet von der Bergkette der Lebombo Mountains rechterhand sowie einem braunen Fluß links. Obwohl nachwievor die Sonne strahlt, fegen Wolkenfetzen durch die Paßhöhe und es wird merklich kühler. Zur Zeit der Apartheid war Swaziland bevorzugter Rückzugsort für gemischtrassige Paare aus Südafrika, mit luxuriösen Hotels, Golfplätzen, Sportzentren, Spielcasinos und Kuranlagen. Dies hat sich seit Abschaffung der Apartheid grundlegend geändert, so daß heute alles ein wenig ursprünglicher, aber auch ärmlicher wirkt als in Südafrika.

Wir fahren entlang endlos erscheinender Zuckerrohrfelder und sanfthügeliger Wiesen, auf denen Rinder weiden, an den fernen Lebombobergen entlang und erreichen *Big Bend*, wo die Straße scharf nach Nordwest abbiegt. In der glasklaren Höhenluft verändern sich Perspektiven und Entfernungen. Land und Menschen wirken wie durch ein Brennglas. Die Ansiedlungen bestehen aus Wellblechbaracken, Holzverschlägen und traditionellen Rundhütten. Es sind meist Haufendörfer, ohne erkennbares Ordnungsprinzip, von riesigen Zuckerrohr- und Ananasplantagen umrahmt. Wir lenken unser Wohnmobil weiter westwärts nach *Siphofaneni* durch das Tal des Usutu mit seinen unter wilden Feigenbäumen liegenden Angelplätzen für Sportfischer und erreichen *Manzini*, zweitgrößte Stadt und kommerziellem Mittelpunkt des Landes, unterhalb der Randstufe im Middleveld gelegen. Die geschäftige Stadt, nach dem Wort »manzini« (am Wasser) benannt, hält uns nicht lange, und wir fahren weiter nach *Lobamba Royal Village*, historischer Sitz des Parlaments und zugleich Residenz der Königsfamilie mit prunkvollem State House sowie Embo State Palace für die königlichen Audienzen.

Die Abgeschiedenheit des Landes hat es mit sich gebracht, daß noch unverfälschte Traditionen gepflegt werden. Neben dem Umhlanga- oder Schilfrohrtanz, der am Ende des Winters (August oder September) mit einer farbenprächtigen Prozession der Frauen und Mädchen endet, gibt es Ende Dezember oder Anfang Januar die Incwala-Zeremonie, bei der der König nackt einen besonders schwarzen Bullen besteigt, den er als Symbol der Kraft und Männlichkeit reitet. Swazimänner tragen im Landesinnern noch immer die traditionellen, auf einer

Die Krale der Swazi sind gekennzeichnet durch ihre typische Form eines Bienenkorbes.

Am Hendrick van Eck Dam in Swaziland.

ne, Hauptstadt des Königreichs Swaziland am gleichnamigen Fluß (der soviel wie »Bitterer Fluß« heißt) Während der Fahrt sehen wir die typischen Swazi-Krale mit Hütten, die an Bienenkörbe erinnern.

Mbabane ist ein blühender Garten mit von Jacaranda- und Tulpenbäumen ge-

Schulter geknoteten Tücher und Fell- oder Baumwollröcke, das Haar manchmal mit einer Schlammpackung aus gestampften Blättern und Asche bedeckt, um es aufzuhellen. Eine rote Feder bedeutet, daß ein Mann zur königlichen Familie gehört. Eine werdende Mutter trägt traditionell einen Ziegenfellschurz zum Schutz ihres noch ungeborenen Kindes. Und zwei Vierecke mit Perlenmuster an der Halskette sind traditionelle Liebesbriefe für beide Geschlechter.

Wir verlassen den Ort und gelangen zum Ferienort *Ezulweni* mit guten Hotels, Golf- und Tennisplätzen, landestypischen Hütten, Caravan- und Campingplatz sowie einem Casino. Hier habe ich vor Jahren einen erholsamen Zwischenstop eingelegt. Ein leichter Wind kommt auf und läßt die Baumblätter erzittern. Erinnerungen kommen und gehen und wir fahren weiter nach Mbaba-

Die freundlichen jungen Mädchen in Swaziland sind neugierig wie überall auf der Welt. So haben wir keine Schwierigkeiten, Kontakt aufzunehmen.

Der früher lebendige Markt in Mbabane, der Hauptstadt von Swaziland, ist heute zu einem Billigwarenplatz verkommen. Ein Besuch zum Shopping lohnt kaum noch, bietet jedoch einen Einblick in die harten Lebensbedingungen der Menschen des Landes heute.

säumten Alleen und bietet neben chaotischem Verkehr vielerlei Einkaufsmöglichkeiten; an der Miller Street liegen hübsche Geschäfte und moderne Regierungsgebäude, und am Südende der Straße befindet sich der Swazi-Markt, früher wegen seines Angebots an handwerklichen Produkten interessant. Anders als in Reiseführern beschrieben, vermittelt der Markt uns allerdings eher den Eindruck eines verkommenen Billigwarenplatzes. Wir finden für unser Wohnmobil einen Platz neben dem guten portugiesischen Laurenco-Marques-Restaurant, in der Gilfillan/Ecke Allister Miller Street, in dem wir zu Mittag ein gutes, deftiges Essen mit Pork Shops und Lamb Shops sowie Peperoni und Chili zu uns nehmen.

Hinter Mbabane macht die Straße einen scharfen Knick und mündet auf die Route, die uns durch die landschaftlich reizvollste Gegend von Swaziland mit üppig-grüner Hügellandschaft vor der Kulisse der Ngwenya und Silotwane Mountains im Westen führt. Zunächst erwarten

Piggs Peak ist die letzte größere Ortschaft, bevor wir wieder nach Südafrika gelangen. Das Wohnmobil macht sich gut unter den farbenprächtigen Bäumen entlang der Hauptstraße.

uns scharfe abwärts führende, dann aufwärts steigende Kurven. Schließlich gelangen wir zum Bergpaß Pigg's Peak mit gleichnamigem kleinen Ort aus der Zeit des Goldrausches, wo 1884 William Pigg eine riesige Goldmine entdeckte. Vom heutigen Zentrum der Forstwirtschaft mit malerischem Markt geht es dann zum Grenzübergang Matsamo/Lavumiso. Von hier sind es nur noch wenige Kilometer zum Malelane Gate und zum Camp Berg en-Dal. Nach Entrichtung der Parkgebühr erhalten wir die Quittung, die auf einem Faltblatt mit Informationen geheftet wird und als Parkpaß dient, der bei jeder Camp-Buchung vorgelegt werden muß.

Weltbekanntes Tierparadies: Kruger Nationalpark

Der Gedanke des Tierschutzes wurde in Südafrika bereits 1895 durch die Unterzeichnung eines Aufrufs Präsident Krügers konkretisiert, in dem untersagt wurde, in dem Gebiet zwischen dem Crocodile River im Süden, dem Sabie River im Norden, der Drakensbergkette im Osten und der Lebombo-Bergkette im Westen wilde Tiere zu jagen und zu töten. Im Jahre 1902 wurde das Sabie Game Reserve einem Obersten Jagdaufseher unterstellt, der diesen Posten bis zu seiner Pensionierung 1946 behielt – James Stevenson-Hamilton, schottischer Gutsherr und Major der in Südafrika stationierten Dragoon Guards. Dieser Mann war zwar ohne Ahnung vom Schutz bedrohter Tierarten, setzte jedoch die strikte Einhaltung der Gesetze gegen das Wildern durch. Er erhob Anklage gegen einen weißen Polizeioffizier, der ein Gnu erlegt hatte, so daß dieser zu einer Geldstrafe verurteilt wurde. Im Jahre 1903 standen bereits drei weiße und fünfzig schwarze Wildhüter unter seinem Befehl. Schon bald hatte er seinen Spitznamen »Skukuza« (»der Mann, der alles sauberhält«), heute der Name eines Hauptcamps im Park.

Unsere erste Übernachtung erleben wir im Camp Berg en-Dal. Sanft legt sich die rote Dämmerung über die Landschaft und färbt die Millionen Sterne am Himmel mit kräftigen Farben ein. Schwarze Baumriesen heben sich wie Scherenschnitte von dem glühenden Abendhimmel ab und zaubern eine eigenartige, unheimlich anmutende Stimmung hervor.

Der Anblick großer Herden von Gnus, Impalas, Zebras, Büffel und Elefanten auf der beliebten Route von Skukuza nach Lower Sabie, in einem besonders wildreichen Gebiet gelegen, täuscht paradiesische Zustände vor. Doch Leben und Tod sind hier ständig beieinander. In wildem Galopp rast eine kleine Herde von Zebras davon und läßt die Erde unter ihren Füßen erbeben. Mit dem Wohnmobil können wir die auf den weiten Ebenen grasenden Herden eine Zeitlang begleiten, die (zusammen mit vereinzelten Warzenschweinen, die mit hoch erhobenen Schwänzen davoneilen) in Kolonnen über die Grassavanne ziehen, um dann im Schatten von Bäumen Schutz vor der Sonne zu suchen. Eine Löwin, die bewegungslos und scheinbar dösend im hohen Gras versteckt liegt, wartet offenbar nur auf den geeigneten Augenblick zum tödlichen Angriff auf das etwas abseits grasende Hartebeest.

Wir beobachten einen Elefanten bei der Hautpflege, wie er sich mit Schlamm und Wasser bewirft und anschließend genüßlich an einem Baum scheuert. Die Lebensdauer (etwa 60 bis 70 Jahre) hängt vom Zustand des Unterkiefers ab. Ist die letzte der drei Zahngenerationen abgenutzt, muß der Elefant verhungern. Viele Pflanzensamen keimen erst, wenn sie durch einen Verdauungstrakt eines Elefanten gewandert sind. Die Tiere bleiben in matriarchalischen Familienverbänden

Im südöstlichen Teil des Kruger National Parks befinden sich Ansammlungen windgeschliffener Steine, die an die Devil's Marbies im Zentrum Australiens erinnern.

Auf dem Weg von Satara zum Orpen Gate kommt man durch ein wasser- und wildreiches Gebiet. Es lohnt, hier einigen der vielen kleinen Nebenwege zu folgen. Vielleicht überrascht man gerade ein Löwenrudel bei seinem Festschmaus.

mit einer erfahrenen Kuh als Leittier zusammen, in denen sie hineingeboren wurden. Bullen müssen im Alter von 10 bis 12 Jahren abwandern und bilden kleine Rudel mit Junggesellengruppen oder ziehen als launische Einzelgänger durchs Land. Elefanten besitzen einen ausgesprochenen Familiensinn; einem gestürzten, kranken oder verwundeten Tier versucht man mit Rüsseln und Füßen aufzuhelfen. Tote Tiere werden häufig stundenlang bewacht, dann mit Erde und Zweigen zugedeckt.

Auf der Fahrt von Skukuza nach Satara, der Verwaltungszentrale des Parks, die mehr einem kleinen Dorf als einem Buschcamp ähnelt, durchfahren wir das Bett von Sabie und Sand River und erleben am frühen Morgen zwei Leoparden, die uns mitten auf der Asphaltstraße entgegen kommen. Während ich aufgeregt an meiner Kamera fingere, trotten sie unbekümmert an unserem Wohnmobil vorbei, während mein Fahrer jammert: »I am afraid, I don't trust them« – angesichts des offenen Fensters auch kein Wunder. Dann verschwinden sie wie ein Spuk im hohen Gras.

An bizarren Affenbrotbäumen vorbei geht die Fahrt weiter und wir sehen an der Hauptstraße nach Norden im Kumana-Stausee überflutete Baumbestände und bei Nkayapan besonders viele Tiere am natürlichen Weiher. Wir halten uns an der Sweni-Wasserstelle links und erblicken ein großes Löwenrudel. Antilopensteak steht offenbar auf dem Speisezettel. Die Knochen krachen hörbar zu uns herüber. Der »König der Tiere« ist das größte Raubtier Afrikas und die einzige in Rudeln lebende und jagende Großkatze. Das ockerfarbene Fell vermischt sich hervorragend mit der Farbe der trockenen Savanne, so daß die Tiere trotz ihrer Größe im hohen Gras völlig unsichtbar werden können. Das Jagen besorgen in Rudeln die Weibchen, indem sie das Opfer hetzen, auf seinen Rücken springen und es durch Kehlbiß oder Genickbruch töten; gelegentlich wird das Beutetier durch einen Biß ins Maul erstickt. Lange Verfolgungsjagden lieben Löwen nicht. Der Stoß eines Antilopenhornes oder der Tritt eines Giraffenhufes kann für die Großkatzen tödlich sein oder gefährliche Wunden verursachen. Während verwundete Löwinnen von ihren Geschlechtsgenossinnen versorgt werden, bedeutet eine Verletzung für die Männchen oft, daß sie von Hyänen zu Tode gehetzt und zerrissen werden. Dafür leben die Männchen die wenigen Jahre ihrer Herrschaft tatsächlich wie Paschas und stillen nach der Jagd als erste ihren Hunger an der Beute.

Meine Erfahrung nicht nur auf dieser Reise: Es gibt keine verläßliche Regel, wo und wann man am besten die Wildtiere zu Gesicht bekommt. Die größten Herden sahen wir (entgegen den anderslautenden Tips verschiedener Reiseführer) während der Mittagszeit und mitten auf den asphaltierten Hauptwegen. Allerdings lohnt immer ein Abstecher zu Wasserstellen und Brunnen, wo man allerdings nicht selten eine Stunde und länger ausharren muß, bis sich etwas tut. Dann aber wird man nicht selten durch Erlebnisse belohnt, die einem durch wildes und planloses Herumfahren nicht gegönnt sind.

Elefanten gehören wie Löwen, Leoparden, Büffel und Nashörner zu den »Big Five«. Ihnen zu begegnen ist der Traum eines jedes Safari-Touristen in Afrika.

Klaserie NR
Kruger
Rio Mazimechopes
Hoedspruit
Satara Camp
R527
R36
Echo Cave
R531
GR
Klaserie
Orpen Gate
R531
Blydepoort Resort
Rio Vaneteze
Steelpoortrivier
R532
Ohrigstad
Sabi Sand GR
Tshokwane
Blyde River Canyon NR
R533
R36
Pilgrims Rest
Graskop
Mac-Mac
Skukuza
Magude
Lone Creek Falls
Lydenburg
R37
Sabie
Lower Sabie
Long Tom Pass
R. Incomati
National
Klipskool
Sudwala Caves
Witrivier
Berg-en-dal
Malelane
Manhica
R539
Nelspruit
Komatipoort
Waterval-Boven
N4
Kaapmuiden
Hektorspruit
Park
Jeppe's Reef
Barberton
R570
Badplaas
Namaacha
Matola
Maputo
Komatirivier
Piggs Peak
Carolina
Malolotja NR
MR 1
Walburton
Motjane
Mbabane
Umbuluzi
MR 3
Lobamba
Mantenga Falls
Manzini
MR 3
R 33
Amsterdam
SWASILAND
R. Maputo
Siphofaneni
Big Bend
Piet Retief
MR 8
Tembe Elefant Res.
Lake Sibaya NP
Wakkerstorm
Itala GR
Lavumisa
Paulpietersburg
Pongola
Pongola
R 33
Louwsburg
Sodwana Bay NP
Mbaswana
Ubombo
Utrecht
Mkuze
Mkuze
Mkuzi GR
Phinda RR
Vryheid
N2
St. Lucia GR
R 34
Hluhluwe
Hluhluwe GR
Dundee
Vant's Drift
Silutshana
Mahlabatini
Umfolozi GR
Buffelsrivier
R 68
White Umfolozi
R618
St. Lucia
Mtubatuba

Strecke

Ballito – St. Lucia: ca. 200 km
St. Lucia – Kruger Nationalpark: ca. 524 km
Kruger Nationalpark (Berg en-Dal-Camp – Skukuza – Tshokwane – Lower Sabie – Skukuza): ca. 224 km
Skukuza – Tshokwane – Satara – Orpen Gate: ca. 151 km

Streckenführung

Ballito – Zululand – Ballito
Ballito (Sugar Loaf Campsite) – Auf N 2 (Richtung Stanger, 4 km) – Mvoti Toll Plaza (16 km, Mautgebühr 4,10 Rand) – Abzweig Zingwazi Beach (19 km) – Abzweig Tugela Mouth (13 km) – Abzweig Nyoni (11 km) – Abzweig Gingindlovu (7 km) – Dokodweni Toll Plaza (7 km, Mautgebühr 5 Rand) geradeaus R 102 (Richtung Eshowe) – Auf die R 66 (geradeaus weiter, 1 km) – Abzweig Eshowe (19 km) – Kreuzung, R 66 (Richtung Ulundi, 8 km) – Abzweig Shakaland (17 km) – Auf die R 34 (Richtung Empangeni, 7 km) – Abzweig Stewarts Farm (7 km) – Empangeni (41 km) – Abzweig Richtung Richard's Bay (4 km) – Auffahrt auf N 2 (Richtung Pongola, 2 km) – Mfolozi River (49 km) – Abzweig Mtubatuba (5 km) – Abzweig Fanies Island/Charter's Creek (23 km) – Abzweig Hluhluwe, über Autobahnbrücke (rechts, 28 km) – Hluhluwe (3 km) – Zurück zum Abzweig St.Lucia/Mtubatuba (48 km) – Auf die R 618 St.Lucia (28 km) – Ballito/Dolphin Holiday Resort (4 km)

Irrfahrt Mtubatuba - Sodwana Bay - St. Lucia
Mtubatuba – Abzweig Fanies Island/Charters Creek (23 km) – Abzweig Hluhluwe (28 km) – Hluhluwe (3 km)
Abzweig False Bay, Beginn des Dirty Road (3 km) – Ngweni (10 km) – Abzweig zur N 2 (5 km) – Bahngleise, Abzweig Richtung Sodwana Bay (rechts): Beginn der Irrfahrt (3 km) – Abzweig Phinda Rock Lodge, Mountain Lodge (9 km) – Abzweig Phinda Forest Lodge (11 km) – Mbazwana, Abzweig Sodwana Bay/Kosi Bay (45 km) – Beginn einer sehr sandigen Wellblech-Piste (25 km) – Abzweig nach Jozini (rechts), geradeaus weiter nach Ubombo (22 km) – Nochmaliger Abzweig nach Jozini (rechts), links aufwärts weiter nach Ubombo (6 km) – Ubombo (9 km) – Piste führt abwärts (5 km) – Mkuze (11 km) – Auffahrt auf N 2 (12 km) – Abzweig Sodwana Bay (31 km) – Abzweig Hluhluwe (10 km) – Abzweig Mtubatuba, Auffahrt R 618 nach St.Lucia (48 km) – St.Lucia (28 km) – Sugarloaf Campsite (4 km)

Ballito - Kruger Nationalpark (Berg en-Dal Campsite)
Ballito (Sugar Loaf Campsite) – St. Lucia (4 km) – R 618, Abzweig Mtubatuba (26 km) – Abzweig Hluhluwe (50 km) – Abzweig Sodwana Bay/ Phinda (10 km) – Abzweig Mkuze

(40 km) – Abzweig Jozini (11 km) – Abzweig Golela (rechts, 27 km) – Golela (Grenze, 10 km) MR 8, Eintritt/ Autogebühr: 15 Rand– Nsoko (35 km) – Big Bend (10 km) – Kreuzung, weiter auf der MR 8 (Richtung Siphofaneni, 7 km) – Kreuzung Hhelehhele, weiter auf der MR 3 nach Mbabane/Manzini (38 km) – Manzini (5 km) – Stadtfahrt, zurück auf MR 3 (5 km) – Kreisel, nach Mbabane (11 km) – Ezulweni (22 km), weiter auf der MR 3 – Mbabane (9 km) – Motjane, auf die MR 1 nach Piggs Peak (rechts, 15 km) – Abzweig Malolotje National Reservat (17 km) – Piggs Peak (32 km) – Matsamo/Lavumiso (Grenze,42 km) – Kreuzung mit der N 4, weiter auf der R 570 (Richtung Malelane Gate, geradeaus, 43 km) – Malelane Gate (3 km) – Berg en-Dal Camp (13 km, Eintritt 73 Rand)

Streckenlänge

Direktroute 524 km
Gesamtstrecke mit Abstechern im Kruger Nationalpark 375 km und 524 km (ca.900 km)

Straßenzustand

Der Zustand der excellent ausgebauten Küstenstraße ist erstklassig, die Nebenstrecken sind in der Trockenzeit unbedenklich. Die Hauptstrecke durch Swaziland ist gut ausgebaut. In den National Reservaten während der Regenzeit schwierig. Im Kruger National Park erstklassige Asphaltstraßen sowie Schotterstraßen, die zumindest während der Trockenzeit problemlos zu befahren sind.

Campingplätze

Umlalazi/Ballito
Es gibt drei Caravan-Parks: *Xaxaxa* (4 km vom Strand) mit Stellplätzen und Vierbett-Hütten (Tel. 0353/40-1843), *Casa Benri* (ohne Hütten, Tel. 0353/40-1997) und *Umlalazi* (Tel. 0353/40-2340, Fax 2-3816) mit 58 Caravan- und Zeltplätzen und 13 Fünfbett-Chalets.
Wunderschön an einer Lagune und nur 550 m Indischen Ozean entfernt, befindet sich das *Zinkwazi Holiday Resort* (Tel. 032/485-3344, Fax 485-3340) mit 105 Stellplätzen für Caravans und Zelten, Gas, 16 Chalets, Kinderspielplatz, Waschanlage, Restaurant, Shop und Swimmingpool. In Ballito gibt es eine exklusive Ferienanlage mit gesichertem Strand; das *Dolfin Resort* (Tel. 0322/6-2187, Fax 6-3490) bietet 100 Stellplätze für Caravans und Zelte, 100 Stands (220 Volt), Gas, 8 Chalets, 28 Duschen und Bäder, 30 Toiletten, 8 Waschanlagen, Kinderspielplatz, Swimmingpool, Restaurant (100 m)

Zululand/ *Shakaland*
(tgl., Führungen um 11, 12.30 Uhr, auch Übernachtungen, Tel. 03546/912, Fax 824) 24 km von

Einige Rest Camps des Kruger National Park verfügen auch über eigene Tankstellen. Hier tanken wir in Lower Sabie auf, um für weitere Safaris gerüstet zu sein.

Eshowe über die R 66, wurde 1985 als Kulisse für die Fernseh-Serie »Shaka Zulu« gebaut.
Zuludorf *KwaBhekithunga* (Tel. 03546/644) und *Stewart's Farm* (Tel. 03546/778) zwischen Empangeni und Melmoth (14 km weiter auf der R 34)
Buchungen für die Naturschutzgebiete in Zululand unter Tel. 0331/47-1981, Fax 47-1980.

St. Lucia Game Reserve
Camping- und Caravanplatz am Krokodilzentrum, der Grasboden, Swimmingpool und Power Points bietet.
7 km weiter befindet sich das *Bushcamp* am Lake Bangazi mit 4 Zweibett-Hütten (Buchung bei Natal Parks Board). Am Südrand des St. Lucia Complexes am Mfolozi River liegt das *Mapelane Rest Camp* mit Zweibett-Hütten und Fünfpersonen-Cabins.
Sugar Loaf Resort Natal Parks Board (St.Estuary 3930, Tel. 035/590-1340)
200 Stellplätze für Caravans und Zelte, 92 Stands (220 Volt), Gas, 55 Duschen und Bäder, 72 Toiletten, 20 Waschanlagen, Kinderspielplatz, Restaurant.

Auch im Kruger National Park ist vorsichtige Fahrweise geboten, da die Wildtiere unvorhergesehen und plötzlich aus dem Dickicht auf die Fahrbahn treten. In Wildparks haben Tiere selbstverständlich uneingeschränkte Vorfahrt.

Hluhluwe Game Reserve
Keine Stellplätze für Wohnmobile im Park. Wunderschön auf einem Berghang mit herrlichem Blick auf die darunterliegende Landschaft befindet sich das *Hilltop Camp* (Tel. 035/562-0255, Fax 562-0113), fast ein kleines Dorf mit Restaurant, Bar, Läden und Tankstelle. Es bietet 20 Zweibett-Rondavels (mit Küche), 7 Zweibett-, 22 Vierbett-Chalets sowie 20 Zweibett-Luxus-Chalets. Exclusiver ist die *Mtwazi Lodge* mit 3 Dreibett-Suiten, Eßzimmer, Küche und einem Koch. Das *Muntulu Buh Camp* besitzt 4 separate Suiten mit Doppelbetten, Lounge, Küche und Koch bis zu 10 Personen mit Möglichkeiten der Selbstversorgung. Man überblickt von hier den Hluhluwe River in fast privater Atmosphäre.

Swaziland (Vorwahl: 00268 vom Ausland, 09268 von Südafrika)
Ezulweni *Smokey Mountain Village* (Tel. 6/1291, Fax 4/6465), Caravan- und Zeltplatz mit vollausgestatteten Chalets und Restaurant.
Ezulweni *Timbali Caravan Park* (Tel. 6/1156), Caravan- und Zeltplatz, auch Rondavels.

Sehenswert

Kruger Nationalpark

Beim Eintritt müssen für das Wohnmobil (Autovilla) 33 Rand und pro Personen 20 Rand bezahlt werden. Öffnungszeiten sind von Januar-Februar und November-Dezember 5.30 bis 18.30 Uhr, im März und Oktober 5.30 bis 18 Uhr, im April 6 bis 17.30 Uhr, im September 6 bis 18 Uhr und von Mai-August 6.30 bis 17.30 Uhr. Die Geschwindigkeit ist auf Teerstraßen 50 km/h, auf Schotterpisten 40 und innerhalb der Camps 20 km/h.
Den Kruger Nationalpark durchqueren 724 km geteerte Straßen und 1206 km geschotterte Wege, die das ganze Jahr über die Wildbeobachtung ermöglichen. Der Niederschlagsmenge entsprechend herrscht parkähnliche Savanne vor, die von Süden nach Norden immer dürftiger wird. Allgemein gelten die trockenen Wintermonate, vor allem Juli und August, als günstigste Reisezeit, weil dann das Wild sich an den Wasserstellen einfindet, während es zur feuchten Jahreszeit weit verstreut lebt. Malaria-Prophylaxe ist bei einem Besuch des National Parks dringend geboten.

Durch das Malelane Gate erreichen wir den Kruger National Park.

REISE IN DEN WESTEN

Vom Kruger Nationalpark nach Johannesburg

Durch den wildreichen Kruger Nationalpark über den spektakulären Abel-Erasmus-Paß zum traumhaften Blyde River. Stätten der Erinnerung an die burischen Voortrekker. Panorama-Straße der Superlative. Vom »Land der aufgehenden Sonne« nach Gauteng, »Platz des Goldes«.

Die Route vom Kruger Nationalpark zum Blyde River gehört zu den schönsten Strecken Südafrikas. Wir verlassen den Kruger Nationalpark durch das Orpen Gate und fahren mit unserem rollenden Heim nach Klaserie und dann in das Blyde River Reservat.

Was sich aus Dunst und Staub herausschält, wirkt wie ein Wunder. Wie ein gigantischer Dom wächst der Berg aus der trockenen Ebene hervor. Der bräunliche Olifants River wird überquert und mit herrlichen Ausblicken auf den Fluß und das Lowveld geht es stetig hinauf zum Strijdom-Tunnel. Kurz hinter dem Ausgang halten wir an einem Parkplatz und nutzen die Gelegenheit, frisches Obst zu kaufen, das fröhliche Mädchen an kleinen Ständen anbieten.

Die Paßstraße steigt auf eine Höhe, die noch rund 365 Meter über den Drakensbergen liegt, und führt zwischen den Steilwänden zum atemraubenden *Abel Erasmus-Paß* mit querliegenden Gesteinsschichten – eine Fundgrube für Geologen. Einst wurde der Paß von Siedlern benutzt, die mit ihren Planwagen hier nach Norden zogen. Steile Schluch-

Vor dem Aufstieg auf den Abel Erasmus-Paß gönnen wir uns und dem Wohnmobil eine Verschnaufpause, denn die bevorstehende Fahrt verlangt volle Konzentration und alle Kraftreserven.

Streckenführung:

Wir verlassen das Skukuza Campsite in nordöstlicher Richtung und kommen nach Tshokwane (ca. 48 km) und weiter in Richtung Norden beim Camp Satara zur Kreuzung der Hauptstraßen im Park (nach 55 km). Wir biegen nach links und folgen der Beschilderung zum Orpen Gate, das wir nach 50 km erreichen. Wir verlassen den Kruger Nationalpark und fahren auf der R 531 nach Klaserie (ca. 41 km), wo wir abbiegen und nach Norden zur Auffahrt auf die R 527 gelangen (ca.30 km). Auf ihr geht es Richtung Ohrigstad über den Abel-Erasmus-Paß, dann zweigt links die R 532 zum Blydepoort Nature Reserve ab, wo wir nach 22 km das Aventura Resort Blydepoort erreichen.
Wir verlassen den Blyde River Canyon über die R 534 in Richtung Sabie (72 km) und fahren anschließend weiter auf die R 37 und R 539 Richtung Süden. Nach ca. 57 km treffen wir auf die N 2, der wir in Richtung Johannesburg folgen. Vorbei an Waterval Boven (64 km), Middelburg (94 km) und Witbank (35 km weiter) kommen wir auf der N 4 nach 3 km bis Pretoria. Im Fountains Valley Resort wird übernachtet. Die Reise endet nach insgesamt 5500 km Fahrt quer durch Südafrika (ohne den Abstecher in die Drakensberge) in Kempton Park mit der Rückgabe des Wohnmobils.

ten, tiefe Täler und in der Sonne schmorende Hänge säumen den Weg, der sich westlich des Blyde River Canyon über den Paß zieht und fast 1200 m Höhenunterschied überwindet. Im Schrittempo kriechen wir um die Kurven bis zur Auffahrt auf die R 532, die uns zum »Aventura Blydepoort« Camp im Blyde River Revier führt..

Der Blyde River Canyon

In nordöstlicher Richtung erstreckt sich die große Schichtstufe der Drakensberge, ein zerklüftetes Gebirge von grandioser Schönheit. Es trennt das Highveld vom Lowveld und die grasreichen Ebenen und Berge vom subtropischen Parkland. Die schroffen Flanken der riesigen Steilwand ragen über Canyons und Schluchten von atemberaubender Schönheit auf. Der Olifants und der Blyde River durchfließen die tiefen, schluchtartigen Täler aus weicherem Schiefertongestein, über denen Zinnen, Mauern und kastellartigen Felsen aus härterem Quarzitgestein aufragen. Ein Band von schnellwachsenden Kiefern und Eukalypten zieht sich vom Blyde River hinauf in die Berge, so daß manchmal der Eindruck einer Schwarzwaldlandschaft entsteht. Diese erst in den letzten Jahren angelegten Forstbestände entziehen dem Boden je-

Wie ein gigantischer Dom wächst das Gebirge mit dem Abel Erasmus-Paß aus dem trockenen Lowveld heraus.

doch viel Wasser und sind als großflächige Monokulturen anfällig für Buschfeuer und Schädlingsbefall.

Der gewaltige 32 Kilometer lange und bis zu 700 Meter tiefe *Blyde River Canyon* bietet vielfältige Wandermöglichkeiten und von der Höhe über die mit Flechten bewachsenen Felsen in die tiefe Schlucht und das weite Lowveld im Hintergrund einen überwältigenden Anblick. Diese Region gehört zu den großartigsten Landschaften Südafrikas, für die faszinierenden Kontraste zwischen den steilen Sandsteinfelsen und der üppigen subtropischen Vegetation charakteristisch sind. Im Herbst und Winter leuchten die korallenroten Blüten der Berg-Aloe.

Auf der Panorama-Route im Blyde River Canyon

Am Abend kommt ein plötzlicher Wind auf. Wir klappen Tisch und Stühle zusammen und flüchten in unser rollendes Heim. Von dort aus genießen wir den Untergang der Sonne, der sich mit enormer Geschwindigkeit vollzieht. Die Wolken tragen noch eine Weile rote Bäuche, dann leuchtet der Himmel noch eine halbe Stunde lang wie eine Feuerfront, während die Sonne bereits versunken ist.

Am nächsten Morgen folgen wir entspannt und ausgeruht der Panorama-Route, die vom Camp südwärts auf Straßenschleifen und Abzweigen zu Wasserfällen und spektakulären Aussichtspunkten führt. Der Tagesbeginn ist wie die Erschaffung der Welt. Sonnenstrahlen gleiten die Hänge der Schlucht entlang wie fließendes Gold. Wenige Kilometer vom Camp erreichen wir den mit Flechten bewachsenen Felsen der tiefen Schlucht des Blyde River und die *Three Rondavels* mit dem Marieskop, der höchsten Erhebung in den Drakensbergen. Vom Hauptaussichtspunkt bietet sich ein überwältigenden Anblick. Lange Schatten fallen in die tiefe Schlucht und schwärzen das smaragdgrüne Wasser. Die markante Felsformation, die sich über dem Fluß erhebt, ähnelt in der Tat drei Rundhütten (Three Rondavels). Ein Felshang ragt wie ein Balkon über der Tiefe. Eine besonders mutige Dame setzt sich lässig an den Rand und läßt ihre hübschen Beine über dem Abhang baumeln.

Gut gelaunt gelangen wir bei den *Bourke's Luck Potholes* zu eindrucksvollen Felsformationen. Um die Sehenswürdigkeiten dieser Gegend ranken sich zahlreiche Geschichten und Anekdoten. In den zylinderförmigen Löchern der gewaltigen Felsauswaschungen fand ein Schatzsucher namens Bourke überraschend Gold, daher kommt der Name. Am Zusammenfluß von Blyde und Treur River stürzt der Blyde River in einen tiefen Canyon und schlängelt sich dann unterhalb des steilen Abbruchs entlang. Zur Namensgebung der Flüsse Blyde und Treur berichtet die Legende, daß Andries Hendrik Potgieter 1844 seine Wagenkolonne verließ, um die Portugiesen bei Delagoa Bay aufzusuchen. Wochen vergingen ohne Nachricht von dem Burenanführer. Verzagt brachen die Zurückgeblie-

Hinter dem Strijdom-Tunnel bieten freundliche Mädchen Obst und Souvenirs zum Kauf.

Auch wenn man bereits viele Bilder gesehen hat, so ist doch der Blick hinab auf den Blyderiver Canyon unbeschreiblich. Hier, am »World's End«, fühlt man sich der Ewigkeit nahe.

benen ihr Lager ab und nannten den Fluß Treurrivier, »Fluß der Trauer«. Doch dann wurden sie von Potgieter und seinen Leuten eingeholt, und man nannte den Fluß, an dem man sich wieder traf, Blyderivier, »Fluß der Freude«.

Die Panoramastraße erklimmt den felsigen Südhang des Valley, wo eine Tafel daran erinnert, daß ein

den, sind sehenswert. Von den grünen Klippen stürzt der Wasserfall 92 m in ein glitzerndes Wasserbecken.

Von den vier Aussichtspunkten Panorama Falls, The Pinnacle und Wonder View bietet *God's Window* nicht nur die atemraubendste Sicht, sondern war darüber hinaus auch Schauplatz des Kultfilms »Die Götter

Die gewaltigen Flußauswaschungen von Bourke's Luck Potholes haben eine Durchschnittstiefe von zwei bis drei Metern. Gute Aufnahmen erhält man mittags, wenn die Sonne senkrecht in die Schlucht scheint.

Treck von Louis Trichardt von hier aus zum Indischen Ozean aufbrach. Die Zugtiere kamen 1845 durch die Schlafkrankheit fast alle um. Dann zweigt eine Straße ab zu den *Berlin Falls* mit 80 Metern, die nachmittags die beste Beleuchtung für Fotografen bieten. Auch die Lisbon Falls, die sich auf einer Nebenstrecke befin-

müssen verrückt sein«. Aus großer Höhe genießen wir bei klarem Wetter einen herrlichen Blick über den Canyon nach Norden, das Lowveld und den Krüger National Park im Osten sowie die bewaldeten Berge im Westen. Gewaltige Felswände erheben sich beiderseits der Schlucht, öffnen sich unerwartet zu einem atemberaubenden Blick in die Ebene, die sich in der Ferne verliert. Die nördlichen Drakensberge brechen hier abrupt ab.

Die freistellende Säule des Pinnacle Rock besteht aus massivem Granit Das Gebiet um den Blyderiver Canyon bietet zahlreiche landschaftliche Sehenswürdigkeiten und viele Aussichtspunkte.

Graskop ist umgeben von Obstbäumen. Unter der Erde schlummern reiche Mangan-, Asbest- und Phosphatvorkommen, es erstreckt sich auf rund 1500 m Höhe westlich des Escarpment. Ich erinnere mich an meine früheren Reisen und so kehren wir bei »Harries« ein, um den besten Pancake mit Vanille-Eis in ganz Südafrika zu genießen. Die in der gesamten Umgebung anzutreffenden schnellwachsenden Bäume, wie der australische Eukalyptus und die amerikanische Fichte, bringen als Nutzholz für das Baugewerbe, den Bergbau sowie die Papier- und Möbelfabrikation zwar guten Gewinn, doch speichern diese Bäume sehr viel Wasser und entziehen den Bauernfeldern die benötigte Flüssigkeit.

Einen authentischen Eindruck vom Leben der Goldsucher vermittelt das unter Denkmalschutz gestellte Goldgräberstädtchen *Pilgrim's Rest*. Ein Goldsucher namens Alec »Wheelbarrow« Patterson war der erste, der 1873 hier fündig wurde. Der Ort mit seinen vielen Kneipen konnte damals die vielen Goldsucher kaum fassen. Die Vorkommen waren 1972 praktisch erschöpft, so daß die Behörden die aufgegebenen Anlagen aufkauften und statt einer Geisterstadt eine Oase der Nostalgie erstand. Wir versäumen nicht den Besuch an der Bartheke im historischen Royal Ho-

Das kleine Goldgräberstädtchen Pilgrim's Rest ist auf jeden Fall einen Besuch wert. Es zieht sich eigentlich nur eine einzige »Hauptstraße« entlang.

tel, an der früher Gold abgewogen wurde.

Ein kurzer Abstecher führt uns zur freistehenden Säule des *Pinnacle Rock*, der aus massivem Granit besteht und aus einer dicht bewaldeten Schlucht emporragt. Danach fahren wir zu den *Mac-Mac Falls*. Der Legende nach soll der Name auf die vielen Schotten zurückzuführen sein, die 1873 in einem Camp hier nach Diamanten gruben und deren Namen immer mit Mac begann. Vom Parkplatz führt eine Treppe zu einem käfigartigen Aussichtsvorsprung auf halber Höhe hinunter, von dort bietet sich eine schöne Sicht auf den 56 Meter hinabstürzenden Wasserfall.

Das Städtchen *Sabie*, 1880 als Goldgräbercamp gegründet, liegt auf einer Terrasse auf halber Höhe der Randstufe vor den Gipfeln des Mauchsbergs und des Mount Anderson. Es wird wegen seiner prächtigen Lage auf dem hohen Plateau oft als »Perle des östlichen Transvaal« bezeichnet. Hier gibt es wunderschöne Wasserfälle, von denen wir auf einem Abstecher die 68 Meter hohen Lone Creek Falls aufsuchen. Die fünf Rand Besichtigungsgebühren sind gut angelegt.

Sabie ist auch Ausgangspunkt für die Überquerung des *Long Tom Passes*, der sich über eine Länge von 46 km bis auf 2149 m Höhe hinzieht. Der Name kommt von der im Burenkrieg eingesetzten Kanone »Long Tom«, deren Nachbildung sich bei Devil's Staircase befindet. Die Fahrt führt über den höchsten Punkt, den Mauchberg, der nach Carl Mauch benannt wurde, den deutschen Geologen, der 1871 die berühmten Ruinen in Zimbabwe entdeckte. Der Blick ist an dieser Stelle nicht atemberaubend, doch der Long Tom Paß erlaubt herrliche Ausblicke über das Land mit sanften Steigungen und langgezogenen

Im Blyde River Reservat gibt es zahlreiche Wasserfälle; der MacMac Waterfall gehört, besonders wenn er viel Wasser führt, zu den schönsten.

Kurven. Wir genießen das herrliche Landschaftsbild, das von der roten Farbe der Erde und dem kontrastierenden Grün der Wälder geprägt wird.

Die Stadt *Lydenburg* trägt ihren Namen wegen der entsetzlichen Leiden, die hinter den Trekkern lagen, als sie das reizende Tal am Westhang der Drakensberge erreichten, und wegen der Malaria im Lowveld, die viele Opfer forderte. 1849 wurde die Stadt zur Hauptstadt der unabhängigen Republik der Buren. Das älteste Schulgebäude, ein kleines weißes Haus mit grünen Fensterläden, und das alte Gotteshaus der Danish Reformed Church, von einer weißen Steinmauer umgeben, stammen noch aus dieser Zeit. Die Ortschaft liegt geschützt in einem Tal, herrlich umgeben von den Bergen der Randstufe mit vielen Forellengewässern.

Nun führt die Fahrt durch eine recht schroffe Landschaft, wo auf rotem Boden noch Gemüse, Tabak und Früchte angebaut werden. Über Ohrigstad, von wo 1849 die burischen Trekker nach Lydenburg zogen, kommen wir wieder zurück zum Aventura Camp.

Vom Blyderiver nach Gauteng

Am nächsten Morgen starten wir über Graskop und Sabie in Richtung Nelspruit und dann in Richtung Rudwala. Es ist eine wunderschöne Strecke mit herrlichen Ausblicken auf die Täler. Eine üppige, grüne Wildnis breitet sich entlang der kurvenreichen Strecke aus.

Dagegen ist die Nationalstraße N 4 breit wie eine Autobahn; sie zieht sich wie ein schnurgerades schwarzes Band endlos bis zum Horizont hin. Rechts und links liegen kleine Farmen, Maisfelder und verdorrte Weiden. Das Licht der afrikanischen Sonne ergießt sich so hart und hell aus einem weißfarbenen Himmel, daß es der Landschaft jede Tiefenwirkung nimmt. Wir fahren durch die Provinz Mpumalanga (»Land der aufgehenden Sonne«), die bis 1994 Eastern Transvaal hieß. Ein Dunstschleier liegt über der Landschaft, der diese grau und blaß erscheinen läßt. Die senkrecht niederbrennende Sonne verwandelt die Straße in ein flimmerndes Band. Die harten Kontraste der Landschaft werden durch die intensive Sonne eindrucksvoll unterstrichen, so daß sie flach und konturlos erscheint, wie mit einem Teleobjektiv aufgenommen. *Waterval-Boven*, das wir zunächst passieren, entstand aus einem kleinen Eisenbahncamp am Ende des 19. Jahrhunderts. Der alte Eisenbahntunnel und ein nahegelegener Wasserfall sind Sehenswürdigkeiten auf dieser Strecke.

Nordwestlich von *Middelburg*, das 1866 als Nazareth gegründet wurde, befindet sich das *Botshabelo Nature Reserve*, angestammte Heimat der südlichen Ndebele, die für ihre farbenprächtigen Kleidungsstücke und die geometrisch bemalten Wohnhäuser berühmt sind. Das Dorf Botshabelo ist als eine Art Freilichtmuseum zugänglich und vermittelt einen interessanten Einblick in das Stammesleben und das Kunsthandwerk der Ndebele. Das

Diese reich geschmückte Ndebele-Frau im Botshabelo Nature Reserve ist sich ihres einzigartigen Anblicks wohl bewußt.

Gebiet wird intensiv landwirtschaftlich genutzt. Weit bis zum Horizont erstrecken sich Mais- und Sonnenblumenfelder.

Pretoria – die Hochburg der Buren

Anders beim südafrikanischen Kohleschwerpunkt *Witbank*. Ihren Namen verdankt die Stadt einer weißen Felsnase, vor der früher Och-

Das Wohnmobil vor den sich dahinter erhebenden repräsentativen Union Buildings in Pretoria wirkt doch außerordentlich beeindrukkend. Oder?

senwagen ausgespannt wurden. Heute ist Witbank das Zentrum der Kohleproduktion, und entsprechend hoch ist auch die Luftverschmutzung. Wir fahren an der Kreuzung vorbei, wo sich die N 4 mit der N 12 von Johannesburg vereint, und gelangen nach *Pretoria*, alte Hochburg und Hauptstadt der Buren, Stadt der frühen Pioniere und der »Voortrekker«. Nach der Bilderbuchwelt vom Blyde River ist die burische Metropole eine nüchterne Angelegenheit, immerhin umgeben von Hügeln und Jacaranda-Bäumen, welche die hübschen Gebäude und Alleen in prächtige Farben hüllen. Die ersten zwei der heute 50 000 Bäume wurden 1888 aus Rio de Janeiro eingeführt und machten Pretoria durch ihre leuchtenden Farben berühmt. Die Hauptstraßen der Innenstadt wurden so breit angelegt, daß ein Ochsenkarren der Voortrekker noch wenden konnte, ohne anhalten zu müssen.

Herzstück der Stadt, die ihren Namen Martinus Wessel Pretoria verdankt, der sie nach seinem Vater, dem siegreichen General der historischen Schlacht am Blood River benannte, ist die schachbrettartig angelegte Innenstadt. Wir stellen unser Wohnmobil kurz am Church Square ab, der mit seinem gepflegten Rasen, den vielen Tauben und den vorbeifahrenden Doppeldecker-Bussen auf mich sehr britisch wirkt. Hier wurde 1857 zum ersten Mal die Flagge der Republik Transvaal gehißt, und nach der Niederlage gegen die Briten 1902 ein letztes Mal eingeholt, hier befinden sich zahlreiche moderne und traditionelle Gebäude. In der Mitte des Platzes erhebt sich noch immer das Standbild des Burenführers Paul Krüger mit vier Bronzefiguren am Sockel des Denkmals, das Gewehr in der Hand, welche die damalige Bürgerwehr der

Burenrepublik symbolisieren. Während die nördliche Front des Platzes vage an die Place de la Concorde in Paris erinnert, ähnelt die südliche Seite an den Trafalgar Square in London.

Mit unserem Wohnmobil tuckern wir zum Meintjeskop oberhalb der Stadt, der beherrscht wird von den Sir Herbert Baker's Union Buildings. Der im modifizierten griechischen Stil 1913 errichtete, langgestreckte Bau aus hellem warmen rotem Sandstein und roten Ziegeldächern besitzt zwei hohe, mit kleinen Kuppeln gekrönte Glockentürme und monumentale Freitreppen. Die beiden Flügel sollen die Sprachen Englisch und Afrikaans symbolisieren. Außer Ministerien beherbergen die Union Buildings auch verschiedene Ämter und die Staatsarchive mit wertvollen Dokumenten zur Geschichte des Landes. Vor den Gebäuden steht das »Delville Wood Memorial«, ein Kriegerdenkmal zum Gedenken an die südafrikanischen Truppen des Ersten Weltkrieges. Eine Reihe von Gartenterrassen führt von hier am »Garden of Remembrance« vorbei hinunter zu einer weit geschwungenen Rasenfläche, auf der das Reiterstandbild von Premierminister Louis Botha sowie Standbilder anderer früherer Premierminister stehen.

Die Sonne nähert sich schon dem Horizont, als uns ein Abstecher auf einen kleinen Hügel zum »Voortrekker-Monument« südlich von Pretoria führt, ein monumentaler Klotz aus braunem Granit. Es erinnert an den blutig erkämpften Sieg der Buren über ein Zulu-Heer am 16. Dezember 1838 und dokumentiert die Geschichte des »Großen Trecks« und die Ereignisse, die zur Schlacht am Blood River führten, bei der nur 470 Buren mit modernen Waffen über

Wie die bombastischen Monumente burischer Selbstdarstellung aussehen? Das pompöse Voortrekker-Monument in Pretoria bietet ein eindrucksvolles Beispiel.

Die Innenstadt von Johannesburg bietet dem Touristen nur wenige Sehenswürdigkeiten.

12 000 Zulu besiegten. Am Eingang des hohen Granitbaues, der auf einem großen Sockel ruht, steht die aus Bronze geschaffene Statue einer Mutter, die ihre beiden Kinder schützt. Die Figuren an den Ecken des Gebäudes erinnern an die Anführer der Voortrekker, Piet Retief, Andries Pretorius, Hendrik Potgieter und an den »Unbekannten Voortrekker«. Auf Marmortafeln ist die Geschichte des Großen Trecks dargestellt. In der Kuppel des Granitmonuments ist ein Loch eingelassen, das in der Mittagsstunde des 16. Dezember einen Sonnenstrahl auf einen Sarkophag tief unten in der Krypta fallen läßt, auf dem zu lesen steht: »Ons vir jou, Suid Afrika« (Wir sind für Dich, Südafrika). Das ganze Denkmal ist umgeben von einer Wagenburg aus Stein, einer Mauer aus 64 Ochsenkarren. Vom Dach des Monuments bietet sich uns ein herrlicher Panoramablick auf die Stadt und das Highveld.

Das Chaos hat einen Namen: Johannesburg

Unsere letzte Station auf der Reise quer durch Südafrika ist *Johannesburg*, die wohl reichste, chaotischste und brutalste Stadt auf dem afrikanischen Kontinent. Sie liegt inmitten einer herrlichen Landschaft, umgeben von den Magaliesbergen. Zwischen Hochhäusern und Betonklötzen eingequetscht, ducken sich historische Fassaden. Im Bankenviertel der Diagonal Street signalisieren Hochglanzfassaden aus Stahl und Glas die Moderne, Straßenstände mit Heilkräutern und zermahlenen Knochen die Tradition. Johannesburg ist keine schöne Stadt; das wird durch den Blick aus dem fünfzigsten Stockwerk des Carlton Centre deutlich, mehr als zweihundert Meter über dem Boden. Unendlich weit erstrecken sich Hochhausdächer und Straßenschluchten, ähnlich wie New Yorks Manhattan. Weit draußen in der Ferne erblicken wir die Abraumhalden und Fördertürme der Bergwerke.

Der wirtschaftliche Nabel des Landes in der Provinz Gauteng (in der Sotho-Sprache »Platz des Goldes«) wurde buchstäblich auf Gold gebaut; riesige Goldminen machen den Reichtum dieser Stadt aus. Als der australische Prospektor George Harrison 1886 am Witwatersrand die größten Goldvorkommen der Welt fand, löste er einen Goldrausch aus. Daraufhin wurde Johannes Joubert in den Norden zur Begutachtung der Vorkommen gesandt, ihm folgte der Oberinspektor Johannes Rissik mit dem Auftrag, einen geeigneten Platz für die zu gründende Bergwerkssiedlung zu suchen. Johannesburg erhielt ihren Namen von diesen beiden Männern. Im Stadtteil Braamfontein erinnert das Bergarbeiter-Denkmal an die während der schwarzen Arbeit umgekommenen Minenarbeiter. Damit die aus verschiedenen Volksgruppen bestehenden Bergarbeiter sich unter Tage verständigen können, wurde eigens dafür eine neue Sprache geschaffen: Fanakolo, eine Mischsprache aus Zulu und Englisch, voll von Fachausdrücken des Bergbauwesens. Es ist ein strahlender Tag und ich nutze die Gelegenheit, das südlich der Stadt entfernte Gold Reef City, ein Goldberg-Museum im typischen Stil der Bergarbeitersiedlungen um die Jahrhundertwende, aufzusuchen. Hier hat man ausreichend Gelegenheit, Untertagesstollen einer großen Goldmine zu besuchen, beim Goldgießen zuzusehen und traditionellen Stammestänzen beizuwohnen.

Die Innenstadt von Johannesburg ist in den letzten Jahren zum »heißen Pflaster« geworden, denn nirgendwo sonst in Südafrika prallen die Gegensätze von reich und arm so unversöhnlich aufeinander wie hier. In ihrem Schatten wachsen Gewalt und Kriminalität, Schwarze und Farbige aus den Townships drängen in die City, ohne Geld, ohne Arbeit, mit diffusen Hoffnungen und hohen Erwartungen auf Besserung ihrer Situation. Das Stadtinnere verslumt allmählich, es erinnert mich an das Haarlem vor zwanzig Jahren. Kein geeigneter Ort für Touristen. Alle

Gehwege sind von Straßenhändlern besetzt, die durch den Handel mit allen möglichen Gütern ihren Lebensunterhalt verdienen wollen. So meiden wir die Innenstadt, durch die man nur mit geschlossenen Fenstern und verriegelten Türen rollen sollte. Die wohlhabenden Weißen sind in die Vororte gezogen, nach Sandton mit seinen modernen Hotels und den hübschen Einkaufszentren und nach Melville, drei Kilometer nordwestlich der Innenstadt, mit hübschen Cafés und Restaurants, Boutiquen und Studentenkneipen. Gelächter, Autohupen, Musik dringen an Ohr. Yuppies ziehen mit ungewöhnlich hübschen Mädchen mit langen blonden Haaren von Bar zu Bar, von Café zu Café. Als ein echter Tip erweist sich »Miró's Full Stop Café« in der 7th Street mit schmackhaften italienischen Gerichten und saftigen Drinks.

Nur wenige Minuten vom Stadtzentrum entfernt liegen die eleganten Vororte Houghton und Parktown mit herrliche Villen, umgeben von grünen Gärten. Der auf einem Hügel gelegene Stadtteil Hillbrow allerdings, einst ein pulsierender Treffpunkt der Jugend mit zahlreichen Geschäften, Restaurants, Theatern, Nachtlokalen und Eisdielen, ist zu einem »schwarzen« Ortsteil mit Prostituierten und Dealern und somit nicht ungefährlich geworden. Brennende Ölfässer lodern an Straßenecken und geben den heimlosen Straßenkindern, Prostituierten und Drogenabhängigen ein wenig Wärme.

Doch in Begleitung eines einheimischen Fremdenführers ist selbst ein Besuch in Soweto möglich, der Schwarzensiedlung Soweto im Südwesten der Stadt, die aus 32 Townships zusammengewachsen ist. Der Namo dieses Molochs klingt ein wenig afrikanisch, ist jedoch eine Schöpfung des einstigen Apartheid-Regi-

Sowcto, dio Schwarzensiedlung im Südwesten der Millionenmetropole Johannesburg: Der Gegensatz von Reich und Arm könnte nicht größer sein. Die Siedlung kann (in Begleitung eines erfahrenen Reiseführers) besichtigt werden.

mes und die bürokratische Abkürzung von »Southern Western Townships«. Wir schließen uns einer Führung von »Jimmys Face to Face Tours« an, die von dem Xhosa Jimmy Ntintili geleitet wird und nicht nur in Teile der Innenstadt von Johannesburg, sondern auch in die Millionensiedlung Soweto führt. Als schwarze Schulkinder im Juni 1976 gegen die Einführung von Afrikaans als Unterrichtsfach protestierten, eröffnete die Polizei das Feuer. Das Bild des toten 13jährigen Hector Peterson in den Armen seines weinenden Vaters ging als Symbol für die rassistische Polizei der südafrikanischen Regierung um die Welt. Am Ort des Massakers erinnert ein vom ANC gestiftetes Mahnmal an diesen Vorfall. Rund um das Memorial stehen zehn Container, in denen Fotos den Widerstand Sowetos und die brutale Unterdrückung zeigen, die Demonstrationen der Schulkinder, die Straßenkämpfe und die Morde.

An mehreren Stellen gleicht die weitflächige Stadt mehr einem Autofriedhof oder einer Müllhalde als einer Wohnsiedlung. Die Schotterstraßen sind mit Abfällen übersät und in schlechtem Zustand. Schachtelartig zusammengefügte Bauten mit Wellblechdächern und Bretterverschläge, kaum geschützt vor Hitze, Regen und Kälte, aber im Innern mit dem unvermeidlichen Fernsehapparat, prägen das Bild. Immer neue Anbauten aus Holz, Wellblech und Pappe werden geschaffen, die wenigsten der Bewohner zahlen für Strom oder Wasser. In ordentlichen Reihen wurden von der Stadtverwaltung chemische Toiletten am Rand von Buden aufgestellt. In der Masedi Street (Orlando West) steht noch die Privatvilla von Nelson Mandela, der längst nicht mehr hier wohnt. Abweisende Mauern umgeben Winnie Mandelas Villa mit 21 Zimmern. Nur einen Steinwurf davon entfernt wohnt Erzbischof Desmondo Tutu in einer von hohem Stacheldraht geschützten Villa – zwei Nobelpreisträger in einem Stadtviertel. Es sollen auch zwölf Millionäre in Soweto wohnen (manche nennen die Zahl von 25 Millionären), zweimal in der Woche kommt die Müllabfuhr. Es gibt 362 Schulen, dreihundert Kirchen, neunhundert Sekten und drei Friedhöfe – und eine Zukunft?

Ich habe die Bilder noch vor Augen, da sitze ich bereits, benommen von dem Temperaturwechsel und dem immergleichen Düsenrauschen, in der Maschine der Lufthansa. Die Plastikblenden an den Fensterluken sind heruntergezogen, die Kabinenbeleuchtung ist bis auf einen Schimmer gedämpft. Irgendein alberner amerikanischer Film läuft über der Leinwand. Ich versinke in Gedanken und beginne zu begreifen, daß dieses Land noch viele Probleme zu bewältigen haben wird, bis die Schatten der Vergangenheit besiegt sind und die Zukunft gewonnen ist.

Naboomspruit
Nylrivier
Roedtan
Olifantsrivier
Holme Park
Warm-Baths
N 1
Leeupoort
Settlers
Marble Hall
Elandsrivier
Steelpoortrivier
Assen
Pienaarsrivier
Groblersdal
Temba
Rooikraal
Mabopane
Ga-Rankuwa
Verena
Stoffberg
R 33
Pretoria
Mamelodi
Fort Merensky
Botshabelo Village
N 11
N 4
Bronkhorstpruit
Middleburg
Belfast
Kempton-park
Witbank
Krugers-dorp
Kempton Park
Jan Smuts Int'l Airport
N 12
Ogies
Roodepoort
Benoni
Germ.
Delmas
Vandyksdrif
Soweto
Springs
Brakpan
Johannisburg
Hendrina
R 35
N 17
Kinross
Bethal
Ermelo
Balfour
Vanderbijlpark
Vereeniging
Sasolsburg
Vaal Dam NR
N 3
Morgenzon
Vaaldam
Villiers
Standerton
Grootdraai-dam
Amersfoort
Echo Cave
R36
R527
R531
Hoedspruit
GR
Blydepoort Resort
Klaserie
Orpen Gate
Satara Camp
R532
Ohrigstad
Blyde River Canyon NR
Sabi Sand GR
Tshokwane
R533
Pilgrims Rest
Graskop
Mac-Mac
Skukuza
Lydenburg
R37
Lone Creek Falls
Sabie
Long Tom Pass
Lower Sabie
National
Klipskool
Sudwala Caves
Witrivier
Berg-en-dal
Malelane
R539
Waterval-Boven
Nelspruit
Kaapmuiden
Hektorspruit
Komatipoort
Park
Jeppe's Reef
Barberton
R570
Badplaas
Komatirivier
Namaacha
Piggs Peak
Carolina
Malolotja NR
MR 1
Walburton
Motjane
Mbabane
Umbuluzi
R 33
MR 1
Lobamba
Mantenga Falls
Manzini
MR 3
Amsterdam
S W A S I L A N D
Siphofaneni
Big Bend
Piet Retief
MR 8

Strecke

Kruger Nationalpark – Blyde River Canyon: ca. 294 km
Blyde River Canyon – Pretoria: ca. 434 km
Rundfahrten Blyde River Canyon: ca. 285 km
Berg-en-Dal – Skukuza – Tshokwane – Lower Sabie – Skukuza (224 km)

Streckenführung

Skukuza – Blydepoort
Skukuza – Tshokwane (48 km) – Nkayapa (34 km) – Satara (83 km) – Orpen Gate (50 km) – Klaserie (46 km) – Auf die R 531 Richtung Ohrigstad (19 km) – Auffahrt auf R 527 (links) (11 km) – Kreuzung nach Tzaneen (R 36), geradeaus weiter (18 km) – Auffahrt auf R 532 (Abzweig links, 35 km) – Aventura Resort (Abzweig links, 22 km)

Panorama-Route
Aventura Blydepoort – Bourke's Luck Potholes (16 km) – Abzweig von R 532 zu den Berlin Falls (27 km) – Zurück auf R 532 (4 km) – Auffahrt auf R 534 nach God's Window (links) (2 km) –
Alternativ: Von Abzweig God's Windows zu Lisbon Falls und zurück (5 km) – God's Window (8 km) – Kreuzung R 532, nach Graskop (links, 7 km) – Graskop, Auffahrt R 533 (Sabie, Pilgrim's Rest, 2 km) – Abzweig auf R 533 nach Pilgrim's Rest (5 km) – *Abstecher Pilgrim's Rest (hin und zurück 19 km)* – Abzweig R 533/532 Richtung Sabie (10 km) – MacMac Falls (10 km) – *Abstecher Bridal Neil Falls, Lone Creek Falls (hin und zurück 18 km)* – Sabie (3 km) – Abzweig Nelspruit (links), geradeaus auf der R 37 weiter (Richtung Lydenburg, 7 km) – Long Tom Cannon (13 km) – Mauchsberg, höchster Punkt (14 km) – Lydenburg (18 km) – Auf die R 36 (Richtung Ohrigstad, 4 km) – Abzweig R 533 (Pilgrim's Rest, 28 km) – Ohrigstad (18 km) – Abzweig Echo Caves (27 km) – Auffahrt auf die R 532 (Richtung Aventura Camp, 1 km) – Aventura Camp (22 km)

Sabie – Pretoria
Sabie, R37 Richtung Lydenburg – Auf R 37 Richtung Nelspruit (13 km) – Auf R 539 Richtung Rudwale (20 km) – Abzweig zur N 4 (17 km) – Auffahrt auf N 4 (7 km) – Waterval Boven (64 km) – Machadodorp (11 km) – Middelburg (83 km) – Gabelung N 12/N 4 (30 km) – Witbank (5 km) – Pretoria (3 km) – Stadtfahrt (7 km) – Fountain Valley Resort (1 km) – *Abstecher Middelburg - Botshabelo (13 km).* Pretoria – Johannesburg (58 km)

Streckenlänge

Direktroute 153 km (von Skukza nach Orpen Gate) und 181 km (Orpen Gate bis Aventura Blydepoort Resort) *Abstecher im Kruger Nationalpark ab Berg en-Dal – Skukuza-- Lower Sabie bis Skukuza* (224 km) und *Skukuza – Orpen Gate* (153 km)

Aventura Blydepoort Camp – Fountains Valley Resort (ca. 452 km)

Straßenzustand

Asphaltierte Nationalstraßen N4 und N12 in erstklassigem Zustand. Asphaltierte Panoramastraße R532, im Blyde River Gebiet gut ausgebaute asphaltierte Land- und Fernstraßen. Im Kruger National Park erstklassige Asphaltstraßen sowie Schotterstraßen, die zumindest während der Trockenzeit problemlos zu befahren sind.

Campingplätze

Blyde River Nature Reserve
Übernachten kann man in den zur Aventura-Kette gehörenden Ferienanlagen *Aventura Blydepoort* (früher Odendaal Camp, Ohrigstad 1122, Tel. 013/769-8005) 46 Stellplätze für Caravans und Zelte, 35 Stands (220 Volt), Gas, 254 Bungalows und luxuriöse Chalets, 25 Duschen und Bäder, 24 Toiletten, 4 Waschanlagen, Restaurant, Einkaufs- und Sportmöglichkeiten direkt im Angesicht der »Three Rondavels« (erreichbar auf der von der R36 abzweigenden R532) sowie *Aventura Swadini* (früher Overvaal Sybrand van Niekerk, Tel. 013/769-8005, Fax 769-8059) am Ostrand der Schlucht, über eine Abzweigung der R531 zu erreichen, mit Camping- und Caravanstellplätzen, 100 Chalets, Restaurant und Swimmingpool .

Graskop / *Caravan Park*
Tel. 031 315/711 26 (Am Motsite River, 70 Standplätze auf Grasboden, Bungalows)
Rund 2 km östlich des Ortes an der Straße zum Kowyns Pass bietet das *Panorama Rest Camp*
(Tel. 031315/7 10 90) nicht nur Campingplätze und Chalets mit Kochgelegenheit, sondern auch spektakuläre Ausblicke über eine Schlucht.

Sabie
Übernachtungsmöglichkeiten bieten nordwestlich der Stadt an der Old Lydenburg Road der städtische *Castle Rock Caravan Park* (Tel.013/412 42) und *Merry Pebbles* (Tel. 013/422 66, Fax 416 29) mit Campingmöglichkeiten und Chalets für Selbstversorger.
Jock of the Bushveld
(Tel. 01315/42178, Fax 43215), Stellplätze für Caravans und Zelte, Bungalows und Chalets, Stands (220 Volt), Waschanlage, Kinderspielplatz, Restaurant

Botshabelo Nature Reserve
Im *Botshabelo Historical Village* (Tel. 0132/43-1319) gibt es Stellplätze für 30 Caravans bzw. Zelte sowie Hütten (2- bis 20-Betten) für 147 Personen

Pretoria

Etwa 12 km vom Zentrum entfernt, am Hennops River, befindet sich der *Polkadraai Caravan Park* (Tel. 011/6 68 87 10) mit 100 Stellplätzen für Caravans und Zelte.
Fountains Valley Resort (Tel. 012/44-7131, Fax 341-3960) 74 Stellplätze für Caravans und Zelte, 40 Stands (220 Volt), 30 Duschen und Bäder, 30 Toiletten, 10 Waschanlagen, Kinderspielplatz, Swimmingpool

Sehenswert:

Pretoria

Paul Kruger House Church Street West (Mo-Sa 8.30-16, So 11-16 Uhr, Tel. 012/326-9172) hier lebte der Burenpräsident von 1883 bis 1900.
Paul Kruger Kerk (Mo-Sa 8.30-16, So 11-16 Uhr), deren Grundstein 1896 Paul Krüger legte.
Strijdom Square: Eine Büste (1972) des Staatsmannes Hans Strijdom (1954-58), eines Architekten des Apartheidsregimes, steht unter einer großen Betonkuppel. Die Bronzepferde auf dem Platz sollen Südafrikas Streben nach Freiheit symbolisieren. der Platz wird ganz vom modernen Bau des State Theatre beherrscht; sonntags wird hier ein Markt abgehalten.
Transvaal Museum of Natural History, Paul Kruger Street (Mo-Sa 9-17, So 11-17 Uhr, Tel. 012/322-7632). Eindrucksvoller Bau von 1913 mit langer Säulenfassade; im anschließenden »Museum of Geological Survey« sind geologische und paläontologische Funde zu sehen.
City Hall: In den zwanziger Jahren in einem neoklassisch-italienischen Stil erbaut und 1935 eingeweiht, mit einer Säulenvorhalle und einem Mittelturm, in dem ein Glockenspiel aus 32 Glocken hängt. Vor dem Gebäude sieht man hoch zu Roß die Statue von Andries Wilhelmus Pretorius, den Namensvater Pretorias, und seinen Sohn Marthinus Wessel Pretorius, den Stadtgründer.
Church Square: mit Oude Raadsaal (1889) im Stil der italienischen Neorenaissance, Paul Krugers Parlament, im Stil der französischen Neorenaissance begonnen, der entfernt an den Reichstag in Berlin erinnert (Südseite), Justizpalast von 1898 (Nordseite), Hauptpostamt, South African Reserve Bank (von Sir Herbert Baker entworfen) und Old Mutual Building (1929), einem fünfstöckigen Sandsteinbau mit Rundbogentüren und -fenstern sowie Balkons.
Railway Station: Vom Bahnhof aus startet der historische Dampfzug Rovos Rail (Buchungen über Tel.012/323-6052, Fax 323-0843).
Melrose House: (1886), Jacob Mare Street (Di-Sa 10-17 Uhr, So 12-17 Uhr, Tel. 012/322-2805)
Ein schönes Beispiel spätviktorianischer Architektur und von historischer Bedeutung, denn hier wurde 1902 der Friedensvertrag nach dem Burenkrieg mit Großbritannien unterzeichnet

Sir Herbert Baker's Union Building (Führungen unter Tel. 012/325-2000): Auf dem Meintjieskop oberhalb der Stadt.
Heia Safari Ranch (Tel. 659-0605, Fax 659-0709).
Voortrekker-Monument Monument Hill, 6 km vom Stadtzentrum (Mo-Sa 9-16.45 Uhr, So 11-16.45 Uhr, Tel. 012/323-0682).

Johannesburg
Carlton Panorama, (Top of Africa), Commissioner Street (tgl. 9-19 Uhr, Tel. 011/331-2892, 331-2629); herrlicher Blick vom 202 m hohen Carlton Centre.
Art Gallery (Di-So 10-17 Uhr, Tel. 011/725-3180), Sammlung mit Werken von El Greco, Picasso, Rodin, Henry Moore und südafrikanischen Künstlern, 1915 eröffnet.
City Hall (Tel. 01˙ /491-8911), 1910 und 1915 erbaut, stellt eine Mischung aus italienischer Neorenaissance und Jugendstil dar.
Standard Bank (Tel. 011/636-9111), Bau aus Backstein und Eisen im Stil der Neorenaissance, 1907 fertiggestellt.
Civic Center. Ein Übergang verbindet den Komplex mit dem neuen Civic Theatre (Tel. 403-3408), eine der wichtigsten Bühnen für das Theaterschaffen (Führungen Di 10-16 Uhr). Auf der Terrasse vor dem Theater befindet sich ein origineller Brunnen mit drei Bronzefiguren, die Tänzer beim Spiel zeigen.
Johannesburg Stock Exchange, Ecke Diagonal/Pritchard Street (Führungen Mo-Fr 11 Uhr, Tel. 011/373-2200), bietet Audiovisions-Shows; Hall of South African Achievement im Erdgeschoß.
Johannesburg Art Gallery, Joubert Park (Di-So 10-15 Uhr, Eintritt frei, Tel. 011/725-3130). Sammlungen europäischer Kunst, südafrikanischer Künstler und Brenthurst Collection of African Art.
Museum of Africa, Bree Street (Di-So 9-17 Uhr, Tel. 011/833-5624)
1994 zusammengefaßt mit einer Reihe von Museen, die früher über die ganze Stadt verstreut waren: »Africana Museum« (1934) umfaßt eine Gemäldesammlung, eine Abteilung für Geologie, Drucke, Fotografien und Gegenstände aus der Geschichte des südlichen Afrika. »Geological Museum« beschäftigt sich mit der Erdgeschichte, das »Museum of South African Rock Art« zeigt Felszeichnungen der San und die »Sammlung für Kulturgeschichte« hat weitere Spezialgebieten zum Thema.
Gold Reef City, 8 km südlich des Zentrums (Di-So 9.30-17 Uhr, Tel. 011/496-1600).
Soweto, 20 km südwestlich von Johannesburg (begleitete Führungen möglich)
Jimmys Face to face Tours, Tel. 011/331-6109, Fax 331-5388

ANHANG

Südafrika von A – Z

Allgemeines zu Südafrika

Geographie

Südafrika liegt zwischen dem 22. und 35. Grad südlicher Breite sowie 17. und 23. Grad östlicher Länge. Das Land erstreckt sich 2000 km vom Norden bis zur Kaphalbinsel und 1500 km vom Atlantik im Westen bis zum Indischen Ozean im Osten. Im Norden grenzt Südafrika an Namibia, Botswana und Zimbabwe, im Nordosten an Mozambique. Von Südafrika umschlossen sind Lesotho und Swaziland. Südafrika ist mit einer Gesamtfläche von 1,2 Millionen qkm etwa dreieinhalbmal so groß wie Deutschland.

Geschichte

Die Geschichte der Weißen in Südafrika beginnt mit der Umschiffung des Kaps der Guten Hoffnung durch den Portugiesen Bartolomaeu Diaz und der Gründung einer Versorgungsstation für Handelsschiffe durch den Holländer Jan van Riebeeck (1652). Holländische Siedler, französische Hugenotten und Deutsche wanderten ein; viele sattelten von Getreidefarmer auf Viehzüchter um. Ein neuer Typ von Farmern entstand, die Trek-Buren. Sie zogen ins Hinterland jenseits der Drakensberge und stießen auf die kriegerischen Xhosa und Zulu, mit denen sie sich ab 1779 in den »Kaffernkriegen« blutige Kämpfe lieferten.
1814 trat Holland das Kap an England ab, 1838 brachten die Buren am Blood River schätzungsweise 3000 Zulus um und gründeten die Burenrepublik Natal. Die Macht des großen, von Shaka geschaffenen Zulu-Reches war gebrochen. Doch bereits 1842 besetzten britische Truppen den Hafen von Durban und annektierten auch das Hinterland als Kronkolonie. 1848 brachten britische Invasionstruppen das gesamten Territorium zwischen Oranje und Vaal unter ihre Kontrolle.
Die Situation spitzte sich zum Burenkrieg zu (1899-1902), der einen tiefen Einfluß auf das politische Denken der weißen Südafrikaner hatte; hier starben zum ersten mal Menschen in Konzentrationslagern der Briten. 1910 wurde die Union von Südafrika gegründet, 1931 beendete das Statut von Westminster die britische Einflußnahme.

Bevölkerung

Bereits das Problem der Bezeichnung ethnischer Gruppierungen in Südafrika kennzeichnet die aus der Kolonialzeit und den abwertenden oder mißbräuchlichen Gebrauch resultierenden Tabus, das bei uns auch nicht ganz unbekannt ist. Natürlich ist die Bezeichnung »Neger« verpönt, doch die gängige Vokabel »Schwarzer« ist nur die deutsche Übersetzung der französischen Vokabel. Auch der Begriff »Afrikaner« ist für Südafrika unangebracht, da die (weißen) Buren als »Afrikaaner« gerade die nichtschwarzen Einwohner bezeichnen. Auch der Begriff »Farbiger« ist falsch, weil synonym für Mischlinge, Inder, Chinesen und andere »Nichtschwarze, Coloureds«. Natürlich ist der durchaus noch gängige Name »Kaffer« für die schwarzen Einwohner Südafrikas negativ-diskriminierend besetzt, existiert aber noch bei Bezeichnungen wie »Kaffern-Büffel« usw. Selbst der Begriff »Eingeborener« ist wegen des herabwürdigenden Gebrauchs dieser Bezeichnung während der Kolonialzeit besser durch »Einwohner« zu ersetzen, verwischt jedoch die ethnischen Gruppierungen. Die Gesamtbevölkerung Südafrikas liegt bei 38 Millionen Menschen. Die weitaus größte Mehrheit bilden die Schwarzen mit 28 Millionen Menschen, das sind 75%. Mit weitem Abstand hinter der schwarzen Bevölkerung folgen die Mischlinge (Coloureds), die hauptsächlich in der Kapprovinz leben. Die Zahl der Weißen beträgt 5,5 Millionen.

Apartheid

Zu trauriger Berühmtheit gelangte Südafrika durch die Praxis der Rassendiskriminierung. Zu dem Verbot sexueller Beziehungen zwischen Personen unterschiedlicher Rassen (Immorality Act von 1927) war 1949 ein Gesetz gekommen, das die Heirat zwischen Weißen und Angehörigen anderer Rassen verbot (Prohibition of Mixed Marriages Act). Andere Gesetze reservierten bestimmte berufliche Tätigkeiten für die Weißen (Job Reservation). Zudem wurden zahlreiche Gesetze erlassen, die auch die kleinen Dinge des alltäglichen Lebens reglementierten. Immer wieder regte sich Widerstand gegen diese Regelungen, Höhepunkt der Auseinandersetzungen war eine Demonstration gegen rassistische Paßgesetze im März 1960, bei der 67 Menschen von der Polizei erschossen wurden. Die Organisationen der Schwarzen wurden verboten und in den Untergrund getrieben. 1963 verhaftete die Polizei einige Führer des ANC, an ihrer Spitze Nelson Mandela, der zu lebenslanger Haft verurteilt wurde. Im Jahre 1976 kam es in Soweto, dem schwarzen Ghetto von Johannesburg, zu Unruhen, nachdem die Regierung beschlossen hatte, Afrikaans als Unterrichtssprache einzuführen. Die Wahlen von 1989 gewann F.W. de Klerk mit Reformversprechen. In der Tat kündigte er 1990 im Parlament die Abschaffung der Apartheid an. Nelson Mandela wurde nach 27 Jahren Haft entlassen. Im März 1992 stimmten die Weißen mit überwältigender Mehrheit für Verhandlungen mit den Schwarzen und damit letztlich für die Aufgabe der alleinigen Macht. Mit der Regierungsumbildung im April 1994 und den ersten freien allgemeinen Wahlen wurde der Weg zu einem friedvollen Miteinander frei. Am 10. Dezember 1996 unterzeichnete Mandela in Sharpeville südlich von Johannesburg die neue Verfassung Südafrikas.

Camping/Caravaning

In Südafrika gibt es rund 700 Campingplätze, meist Caravan Parks genannt. Fast jede größere Stadt bietet zumindest einen einfachen »Municipal Caravan Park« mit ordentlichen sanitären Anlagen. Trotz der billigen und gar kostenlosen Stromanschlüsse und sauberen sanitären Anlagen sind auch die kommerziellen Caravan Parks vergleichsweise billig (10-20 DM). Auf einigen Plätzen kann man auch Cottages (Hütten) mieten mit der Möglichkeit der Selbstversorgung. Besonders bei schlechtem Wetter bieten sie gegenüber einer Zeltübernachtung eine gute Alternative. Nicht immer will man auch im relativ engen Wohnmobil übernachten.

Hervorragend sind die meisten Campingplätze in den National Parks, Game Reserves und Wilderness Areas. Die Parkplätze sind meist groß genug und liegen oft an schönen landschaftlichen Punkten. Empfehlenswert ist jedoch eine Platzreservierung, insbesondere in der Hochsaison und an Feiertagen, da die Südafrikaner selber begeisterte Camper sind. In der Regel findet man jedoch auch ohne Voranmeldung einen camping site.
Anschriften: Overvaal Resorts (staatlich), Tel. 012/346-2277, Fax 346-2276
Caraville Central Reservations, Tel. 031/701-4156, Fax 701-4159.

Ausrüstung

Südafrika ist zwar ein Land der Dritten Welt, bietet jedoch allen Komfort der westlichen Zivilisation. Da man in der Regel mit dem Wohnmobil auf guten Asphaltstraßen fährt, braucht man als Reisender nicht zugleich Mechaniker zu sein. Die Gefahr, lange mit einer Panne liegenzubleiben, ohne daß fremde Hilfe in Anspruch genommen werden kann oder eien Werkstatt unerreichbar fern bleibt, ist in Südafrika gering. Dennoch sollten einige grundlegende Ausrüstungsgegenstände an Bord sein.

In der Regel haben Fahrzeuge in Südafrika keinen Dachgepäckträger. Er ist auch nicht erforderlich, denn große Wasser- und Bezinkanister als Reserven wird man selten benötigen. Dennoch können ein passender Keilriemen, Werkzeug zum Radwechsel (und natürlich Ersatzreifen) an Bord sein. Beim Mieten von Wohnmobilen ist man verantwortlich für Verlust, Schaden oder Diebstahl von Ausstattung, Werkzeug und Zubehör. Jede Panne bringt neben Ärger auch Sprachprobleme und Zeitverlust mit sich; zumindest Sprachprobleme kann man durch Selbsthilfe umgehen, denn das Schulenglisch versagt meist gerade bei Fachbegriffen rund ums Auto.

Überraschenderweise kann es in Südafrika, besonders in Hochlagen, sehr kalt werden. Die Heizung sollte also überprüft werden, desgleichen natürlich die Klimaanlage. Ein normaler Schlafsack wird in der Regel reichen; dünne Decken und Laken reichen für Übernachtungen im Wohnmobil. Da in den Tropen Tag- und Nachtgleiche herrscht, sollte sowohl eine Vorrichtung zur Verdunkelung vorhanden sein (die Sonne geht kurz nach 6 Uhr auf) als auch eine Gas- und Petroleum-Lampe (es wird kurz nach 18 Uhr dunkel). Ein kleiner Kühlschrank ist natürlich eine feine Sache, zumal für Getränke und Medikamente. Man wird aber frische Lebensmittel in jeder Ortschaft und frisches Obst überall auf flachem Land erhalten, so daß eine größere Lebensmittelausrüstung entbehrlich ist. Sinnvoll wäre allerdings ein Moskitoschutz (Netz usw.). Kunststoffbehälter für Abfallreste sollten nicht vergessen werden, ebensowenig ein Anschlußstecker und eine Kabelrolle. Alles weitere ist Geschmackssache und wird individuell zu entscheiden sein.

Diplomatische Vertretungen

Deutsche Botschaft in Südafrika
825 St.Martini Gardens, Queen Victoria Street, Cape Town 8000, Tel. 021/24-2410, Fax 24- 9403 (Generalkonsulat)
180 Blackwood Street, Arcadia, Pretoria

0001, Tel. 012/344-3854, Fax 343-9401 (Mo-Fr 9-12 Uhr)

Österreichische Botschaft in Südafrika
Apollo Center, 405 Church Street, Pretoria, Tel. 012/322-7790, Fax 46-1151
Generalkonsulat: Hertzog Blvd., 1001 Main Tower, Standard Bank Centre, Kapstadt, Tel. 021/21-1449, Fax 25-3489 (Mo-Fr 9-12 Uhr)
Generalkonsulat in Johannesburg: Tel. 011/403-1850
Konsulat in Durban: Tel./Fax 031/21-5408

Schweizerische Botschaft in Südafrika
818 George Ave. Arcadia, Pretoria 0001, Tel. 012/43-7788, Fax 43-6771
Generalkonsulat: 2196 Rosebank, 21 Credock Ave., Cradock Heights (2nd floor), Johannesburg, Tel. 011/442-7500, Fax 442-7891 (Mo-Fr 9-12 Uhr)
Konsulat in Kapstadt: Tel. 021/26-1040, Fax 24-9344.

Südafrikanische Botschaft in Deutschland
Auf der Hostert 3, 53173 Bonn, Tel. 0228/82 01-0, Fax 820 11 48

Südafrikanische Botschaft in Österreich
Sandgasse 33, 1190 Wien, Tel. 0222/326 49 30

Südafrikanische Botschaft in der Schweiz
Jungfrauenstr. 1, 3005 Bern, Tel. 031/352 20 11, Fax 352 1116

Diplomatische Vertretungen von Swaziland
Deutschland: Worringerstr. 59, 40211 Düsseldorf, Tel. 0211/35 08 66, Fax 02133/73553
Schweiz (auch für Österreich): Linthescher Gasse 17, 8001 Zürich, Tel. 01/211 52 03
Botschaft des Königreichs Swaziland, 188 Ave. Winston Churchill, B-1180 Bruxelles, Tel. 02/347 47 71, Fax (+32)2/347 46 23.

Einkäufe

Als Souvenirs gibt es vor allem die stammestypischen Schnitzereien, kunsthandwerkliche Produkte, Lederwaren, Bilder und Töpferarbeiten. Günstig sind in Südafrika auch Sportartikel und Busch- oder Safarikleidung. Aus Mohairwolle werden bunte Pullover gestrickt, ebenso sehr hübsche Schals und Umhänge (made in Lesotho). Reinseidene Stoffe und Safaris kauft man günstig in Durban. Einkaufstips sind zudem Lederwaren sowie Diamanten, Gold und Schmuck.
Auf die meisten Waren wird eine Mehrwertsteuer (gegenwärtig 14%) erhoben. Ab einem Mindestwert von 250 Rand können ausländische Besucher die bezahlte Mehrwertsteuer zurückerhalten, wenn die entsprechenden Rechnungen vorgelegt werden. Die Rückerstattung ist im Flughafengebäude vorzunehmen.

Einreise

Besucher aus Deutschland, Österreich und der Schweiz benötigen für die Einreise einen gültigen Reisepaß, der noch 6 Monate gültig sein muß. Visa für Swaziland und Lesotho werden an der Grenze erteilt.
Es besteht kein Impfzwang, jedoch wird

für den Besuch der Gebiete Swazi- und Zululand sowie des Kruger National Parks und der Ausgrabies Falls eine Malaria-Prophylaxe empfohlen. Das Baden in stehenden Gewässern kann zur Bilharziose führen.

Essen und Trinken

Die Vielfalt der südafrikanischen Gastronomie ist überraschend. Neben Schnellimbiß-Buden und »Take aways« zahlreicher Anbieter (auch Chinesen), neben problemloser Selbstversorgung mit Obst, Gemüse, Fleisch und Getränken kann man in den Städten aus einem größeren Angebot indischer, malayischer, traditionell burischer, chinesischer, südeuropäischer und afrikanischer Küche wählen. Preiswert und gut ißt man in den Restaurants der Warenhäuser.
Das südafrikanische Frühstück ähnelt dem reichhaltigen englischen Breakfast. Mittags nimmt man nur einen leichten Lunch zu sich (Toastgerichte und Omeletts). Das Abendessen ist die Hauptmahlzeit. Typische Gerichts sind »Braaivleis« (frisches, über offenem Feuer gebratenes Fleisch), Bobotie (Hackfleisch von Lamm), »Bredies« (ein deftiger Eintopf), »Sosaties« (Lamm am Spieß, mariniert in Currysauce), »Biltong« (getrocknetes Rind- oder Wildfleisch) und »Boerewors« (gespickte Burenwurst). Säfte sind überall zu haben, ebenso Limonaden und Cola, desgleichen mehrere südafrikanische Biersorten (Castle, Lion, Ohlssons und Hansa). Der südafrikanische Wein ist weltberühmt und hält einem Vergleich mit den besten französischen Weinen jederzeit stand. Trinkwasser kann man (mit Ausnahme einiger Wildparks) bedenkenlos trinken. An einheimischen Likören gibt es den »Amarula«, der aus den pflaumengroßen, gelben Früchten des Marulabaumes gewonnen wird, und den »Van der Hum«, einen sehr süßen, goldfarbenen Mandarinenlikör. Der einheimische Rooibos-Tee liegt geschmacklich zwischen schwarzem und Kräutertee.
Alkoholische Getränke können in den Restaurants im Zusammenhang mit einer Mahlzeit bestellt werden, doch nicht alle Restaurants und Gaststätten sind im Besitz einer Lizenz, Alkohol ausschenken zu dürfen. Es bedeuten:
Y = Wein und Bier dürfen nur mit Mahlzeiten angeboten werden,
YY = es dürfen nur Wein und Bier verkauft werden,
YYY = es dürfen Wein, Bier und Spirituosen verkauft werden.
Restaurants sollten in der Regel im voraus gebucht werden. Es ist nicht üblich, sich einen Platz zu suchen, sondern man wartet am Eingang, bis man einen Tisch zugewiesen bekommt. Im allgemeinen ist legere Kleidung angebracht, jedoch sind in einigen vornehmen Restaurants Jackett und Krawatte vorgeschrieben.
Die Mehrwertsteuer ist im allgemeinen im Preis eingeschlossen.
Bars sind meist nicht für Damen geöffnet. Die meisten Hotels haben deshalb noch eine »Ladies Bar«. Sonntags sind die meisten Bars geschlossen.
Trinkgelder sind so verbreitet wie in anderen Reiseländern auch. Man gibt im Restaurant 10-15% der Rechnung,ebenfalls 10% dem Taxifahrer. Gepäckträger und Zmmermädchen erwarten drei Rand.

Fahrzeugversicherung

Beim Mieten von Leihwagen sollte man das Kleingedruckte sorgfältig prüfen, denn die Versicherungsbedingungen sind restriktiver als in Deutschland. So gibt es in Südafrika keine Versicherungspflicht, d.h. selbst bei unverschuldetem Unfall verliert man seinen Selbstbehalt. Auch Reifenschäden muß man in der Regel selber bezahlen. Mietwagen sollte man nur mit Vollkasko abschließen. Wichtig sind Reisekrankenversicherung, Unfallversicherung und Reisegepäckversicherung.

Freies Campen

ist in Südafrika eigentlich nicht erlaubt. In der Nähe von Großstädten oder auch in Küstennähe empfiehlt es sich aus Sicherheitsgründen ohnehin nicht; meist lohnt es sich auch deshalb nicht, weil sich problemlos schöne campgrounds finden lassen. Dennoch gehört eine Übernachtung in »freier Natur« jenseits des lauten Camp-Trubels im einsamen Hinterland einfach zu einem kompletten Südafrika-Eindruck dazu. Erst ein Abend mit Untergang der knallroten Sonne, wenn Safaribusse in National Parks schon lange in ihren Unterkünften sein müssen, eine Nacht unter sternenklarem Himmel, wenn unbekannte afrikanische Laute zu hören sind, beschert echtes Safari-Erlebnis. Manchmal bleibt während längerer Strecken auf Nebenstraßen aber kaum eine andere Wahl als freies Campen. Man sollte sich aber stets bewußt bleiben, daß Wildnis in Afrika wirklich mit Gefahren verbunden ist, jenseits der Erfahrungen eines zivilisationsgeprägten Mitteleuropäers. Die üblichen Vorsichtsmaßnahmen sind auf jeden Fall zu beachten. Kein Outdoor-Erlebnis ohne Lagerfeuer. Es wärmt (wenn nötig), dient zum Kochen und Grillen (Braai ist auch für Südafrikaner ein traditionelles Vergnügen) und transportiert romantische Gefühle. Gegen ein kleines Campfire ist denn auch nichts einzuwenden; größere Feuer sind jedoch nicht umweltverträglich und im übrigen in vielen Parks verboten. In lodernden Flammen kann man nicht grillen und sie sind auch nicht sonderlich romantisch. Die Gedanken kommen und gehen viel eher bei einem kleinen Feuerchen, in das man gedankenverloren starren kann.
In den meisten Camps wird Brennholz verkauft. Keine schlechte Idee ist es, im Wechsel das Lagerfeuer und den Campingkocher zu benutzen.

Flugbüros

SAA (South African Airways), Bleichstraße 60-62, 60313 Frankfurt, Tel.069/2 99 80 30, Fax 299 80355
SAA, Opernring 1, A-1010 Wien, Tel. 01/5 87 15 85, Fax 5 87 15 85 16
SAA, Talacker 21, CH-8022 Zürich, Tel. 01/2 11 51 46, Fax 2 11 38 03
LTU International Airways, Parsevalstr. 7a, 40468 Düsseldorf, Tel. 0211/941 8888, Fax 941 8881

Johannesburg
Lufthansa (22 Girton Road, Parktown, Tel. 4 84 47 11), Royal Swazi Airlines (2nd floor, Finance House, Ernest Oppenheimer

Drive, Tel. 6 16 73 23), Swissair (Tel. 4 84 19 80)

Kapstadt
Lufthansa (Southern Life Centre, 8 Riebeeck Street, Tel. 25-1490), Royal Swazi (Southern Life Centre, 8 Riebeeck Street, Tel. 25-4610), Swissair (Southern Life Centre, 8 Riebeeck Street, Tel. 21-4938)

Geld

Die Währung in Südafrika ist der südafrikanische Rand, der auch in Swaziland und Lesotho akzeptiert wird. Pro Person dürfen 500 Rand in Noten ein- und ausgeführt werden. Internationale Kreditkarten werden von den meisten Hotels, Geschäften, Restaurants und Reiseunternehmen akzeptiert.
Reiseschecks in den gängigen Währungen werden in allen Banken umgetauscht, auf DM und US-$ laufende Schecks garantieren die besten Kurse. Die größeren Hotels wechseln ebenfalls, allerdings zu schlechteren Kursen. Euroschecks werden in der Regel nicht akzeptiert, können aber bei einigen Banken eingelöst werden.
Wenn man sich gekaufte Waren vom Geschäft in die Heimat schicken läßt, kauft man Mehrwertsteuer frei. Erstattung der MWSt erfolgt auch am Flughafen gegen Quittungsnachweis.
Wechselkurs:
1 Rand = 0,38 DM.
Swaziland: 100 Emalangeni = 0,38 DM.
Lesotho: 100 Maloti = 4 DM.
Visa-Card: Tel. 011/241-1000; Diners Club: Tel. 011/358-8400;
American Express: Tel. 011/359-0209.

Gesundheitsvorsorge

Die ärztliche Versorgung ist in Südafrika gut, auch in den Krankenhäusern, und hat europäisches Niveau. Notdienste der Ärzte und Apotheken bestehen in allen größeren Städten. Der Polizei-Notruf in allen größeren Ortschaften lautet 10 177. Da medizinische Behandlungen bar bezahlt werden müssen und Krankenscheine aus Europa nicht anerkannt werden, empfiehlt sich der Abschluß einer Reise-Krankenversicherung. Privat versicherte Reisende haben ohnehin die Kosten ihrer Behandlung bis zur Erstattung durch ihre Krankenkasse auszulegen.
Vor allem während des Südsommers ist Sonnenschutz notwendig. Bei Hitze muß man viel trinken, auch um die Salzzufuhr zu gewährleisten. Vitaminreiche Salate und Fruchtsäfte helfen hierbei. Eine Malaria-Prophylaxe wird den Besuchern des Krüger National Parks und in KwaZulu/Natal dringend angeraten. Tabletten erhält man rezeptfrei in allen Apotheken.
In Südafrika werden »Paludrine«-Tabletten (täglich 2) und »Daramal«-Tabletten (zusätzlich 2 wöchentlich) ausgegeben, diese zusammen einzunehmen. Ansonsten sind Impfungen für Südafrika nicht erforderlich. Man sollte in Seen und Flüssen nicht schwimmen, da im Osten des Landes Bilharziose weit verbreitet ist.
Die Apotheken (»Chemist« oder »Apoteek«) fungieren gleichzeitig als Drogerien, die etwa auch Filme verkaufen.

Homelands

Durch das 1913 erlassene Gesetz »Natives Land Act« wurden rund sieben Prozent der Gesamtfläche zu Territorien der Schwarzen erklärt. Sie bildeten, 1936 durch den »Bantu Land Trust Act« auf 13% der Landfläche erweitert, den Kern der »Homelands«. Gänzlich unlogisch war die Idee der Apartheid im Vielvölkerstaat nicht. Angefangen mit der Transkei, die im Oktober 1976 als »selbständig«« erklärt wurde, sollten 10 Homelands zu »unabhängigen« Staaten werden; die vielen schwarzen Völker sollten sich selber verwalten. Doch die Idee hatte mehrere Schönheitsfehler. Zunächst erhielt die Bevölkerungsmehrheit der Schwarzen zahlreiche verstreute Gebiete zugewiesen, während 80% des Territoriums für die Weißen reserviert blieben. Zudem waren die wirtschaftlichen Bedingungen der oftmals räumlich voneinander getrennten Landflecken miserabel. Viele Territorien (wie KwaZulu, in dem die Zulus lebten, oder die Transkei und die Ciskei, gedacht für die Xhosa) konnten entlang der Ostküste bestenfalls Landwirtschaft treiben oder verkamen zu bitterarmen Regionen. So mußte die südafrikanische Regierung immer höhere Finanzzuweisungen leisten, die zudem nicht selten in den Taschen korrupter Regierungsbeamter und windiger Geschäftemacher verschwanden. Außerdem holte sich die Industrie des »weißen« Südafrika zunehmend schwarze Arbeiter ins Land. Es kam zu blutigen Ausschreitungen, die mit Truppeneinsatz, Ausnahmezustand, Verhaftungen und Zensur beantwortet wurden. Allmählich wurde auch den Regierungsstellen in Pretoria klar, daß die Idee der »Homelands« ein Irrweg darstellte. Nach dem Ende der Apartheid wurde im Mai 1992 die »Convention for a Democratic South Africa« verabschiedet, nach der die »Homelands« Ciskei, Transkei, Bophuthatswana und Venda wieder eingegliedert wurden.

Informationen

Satour (South African Tourism Board)
Südafrika: Tel. 012/347-0600 oder Fax 347-8753
Deutschland: An der Hauptwache 11, 60313 Frankfurt, Tel. 069/929 12 90, Fax 28 0950
Österreich: Stefan-Zweig-Platz 1, 1170 Wien, Tel. 01/47 04 5110, Fax 47 04 5114
Schweiz: Seestraße 42, 8802 Kilchberg/Zürich, Tel. 01/715 1815, Fax 715 1889

AA (Automobile Association)
Johannesburg, AA House, 66 De Korte Street, Tel. 011/407-1000, Fax 339-2058
Kapstadt, 7 Hammerschlag Way, Tel. 021/21-1550, Fax 419-6032
Gebührenfreier Pannenruf: 0800-111-999.

Zuständig für die National Parks ist der South African National Parks Board (643 Leyds Street, Pretoria 0001, Tel. 012/343-1991, Fax 343-0905 (Mo-Fr 8-15.30 Uhr), und Long Street, Rogge Bay, Cape Town 8012, Tel. 021/22-2810, Fax 24-6211, Mo-Fr 9-16.45 Uhr).
Für KwaZulu/Natal zuständig ist der Natal Parks Board, Pietermaritzburg 3200,

Tel. 0331/47-1981, Fax 47-1980; Hotline: 47-1891
Für Ndumo, Kosi Bay ist zuständig das KwaZulu/Natal Department of Nature Conservation (367 Loop Street, Pietermaritzburg 3201, Tel. 0331/94-6696).

Klima und Reisezeit

Im Südwinter sind das Lowveld mit Kruger National Park und KwaZulu/Natal für Reisen gut geeignet. April bis August gelten hier als die beste Reisezeit. Wegen der Trockenheit findet man im Park gute Voraussetzungen für Tierbeobachtungen, weil die Tiere sich dann an den Wasserstellen sammeln. Allerdings hat auch der schwülheiße Südsommer (unser Winter) seinen Reiz, denn nach den ersten Regenfällen (Ende Dezember) grünt der Park und sieht nicht mehr so eintönig graubraun aus.
Im subtropischen KwaZulu/Natal herrscht im Südwinter (Juni bis August) reger Badebetrieb. Beste Zeit für den Indischen Ozean ist allerdings der Frühling (September bis November). Ebenso wie die Küste ist auch das subtropische Tiefland der Nord-Provinz und Mpumalanga durch heiße und feuchte Sommer sowie milde, trockene Winter gekennzeichnet.
Für die Drakensberge eignen sich besonders die Monate des Südwinters. Hier fallen auf dem Highveld im Landesinneren (über 2000 m) die Temperaturen nachts aber oft unter dem Nullpunkt, doch überwiegen die sonnigen Tage. Das hohe Inlandsplateau und das Hügelland von KwaZulu/Natal sind ebenso wie das Lowveld in Mpumalanga Sommerregengebiete. Im gemäßigten Hochland mit Städten wie Johannesburg und Bloemfontein sind die Südsommer warm mit gelegentlichen Schauern, die Südwinter kühl bis kalt, aber trocken. Im Landesinneren fällt der Regen überwiegend in den Sommermonaten (Oktober bis März). Wärmster Monat in Johannesburg ist der Januar (27 Grad Celsius).
Das West-Kap bekommt Regen nicht im Südsommer, sondern im Südwinter (Mai bis September). In Kapstadt regnet es besonders zwischen Juni und August. Beste Reisezeit ist hier also zwischen September und Mai. Die Frühjahrsmonate August und September sind besonders attraktiv wegen der Wildblumen nach den Regenfällen. Die Südsommertage in Kapstadt und seinem Hinterland sind trocken und sonnig. Der heißeste Monate ist Februar (27 Grad Celsius), der kühlste ist Juli (15 Grad).
Den Tsitsikamma National Park besucht man am besten im Südwinter (zwischen Juni und Juli), Regen fällt hier oft, besonders stark im März, August, Oktober und November. Die schönsten Monate für die Garten-Route sind März/April bis Mai.
Ebenfalls im Südwinter (April bis Oktober) gut zu bereisen sind Upington und die Augrabies Falls, allerdings gibt es im März farbenprächtige Sonnenuntergänge.
Kimberley und Upington sind übrigens die heißeste Region (mit rund 33 Grad Celsius im Januar). Der Gemsbok Kalahari National Park kennt von März bis Oktober sonnige Tage und kalte Nächte; von November bis Februar ist es sehr heiß, von Januar bis April gibt es Regen.
In Lesotho wird es im Südwinter nachts

frieren, dafür ist mit Regen kaum zu rechnen; Juni bis November sind günstige Reisemonate. In Swaziland ist beste Reisezeit zwischen April und September; zwischen Oktober und März regnet es überall.

Kraftstoff

Mietwagen fahren in der Regel mit 91 bzw. 95 (bleifrei »unleaded«) oder 97 bzw. 98 Oktan verbleit (»leaded«). Beachtet werden muß, daß das Benzin auf dem Highveld wegen seiner Höhe und dem geringeren Sauerstoffgehalt einen niedrigeren Oktanwert hat (Super 93, Premium 87), während an der Küste Super 97 und Premium 93 Oktan hat. Diesel (Diesel oil) wird seltener angeboten als Benzin (Petrol). Die Preise liegen deutlich unter denen in Deutschland (etwa 2 Rand bis 2,20 Rand pro Liter). Im Hinterland sind sie geringfügig höher als in Küstenzonen. Reservekanister benötigt man in der Regel in Südafrika nicht.
Südafrika ist ein Land der Autofahrer. Demzufolge gibt es ein reichliches Angebot an Kraftstoff und ein großes Tankstellennetz. In jeder Ortschaft findet sich in der Regel eine Tanksäule. Im flachen Land allerdings kann man nicht mit Rasthäusern entsprechender Versorgung rechnen. Zwar sind die Entfernungen bei den vorgestellten Routen nicht sehr lang, doch sollte man immer bei Strecken, die länger als 150 km sind, nachfüllen. Auf den Schnellstraßen entstanden immerhin in den letzten Jahren Großtankstellen wie Shell Ultra City usw., so daß man nicht mehr auf jeden Fall von den Schnellstraßen runter in die Orte fahren muß.

Mietmobile

In Südafrika sind Wohnmobile in Johannesburg und Kapstadt problemlos zu mieten, doch auch in anderen größeren Städten (Knysna, Durban) gibt es entsprechende Angebote. In der Regel wird man jedoch sein rollendes Heim (meist auf Basis japanischer oder amerikanischer Typen, auch in Südafrika produzierte VW-Wohnmobile) gleich bei der Ankunft mit dem Flugzeug in Südafrika zu Beginn einer Rundreise in Empfang nehmen wollen; dies sind entweder Johannesburg oder Kapstadt. Das gilt sogar für die (hier nicht beschriebene) West-Route Johannesburg-Bloemfontein-Kimberley-Upington-Kapstadt und umgekehrt.
Das Angebot an Wohnmobil-Typen reicht von sparsamen, für zwei Personen eingerichteten »Explorer Club« über den geländetauglichen »4x4 Camper« mit Doppeldach-Zeitaufbau für vier Personen bis zum geräumigen Caravan. Allerdings sind die Ausführungen in Südafrika in der Regel spartanischer ausgefallen als beispielsweise im verwöhnten Nord-Amerika. Einen allradgetriebenen Camper benötigt man in Südafrika allerdings kaum, selbst im Gemsbok Kalahari National Park sind die Pisten problemlos mit »normalen« Wohnmobilen zu befahren. Die Preise liegen vergleichsweise unter dem Durchschnitt in Deutschland. Es gibt in der Regel keine Einweg-Mietzuschläge. Bei Maui Rentals (Tel. 011/396-1445) erhält man die Camper »Spirit 3« und »Spirit 5« mit begrenzter oder unbegrenzter Kilometerzahl.Die ganze Deckung beträgt 60 Rand pro Tag (Selbstbehalt 400 Rand).

Reparaturen bis 1000 Rand können ohne Genehmigung ausgeführt werden. Beim Mieten über Reiseveranstalter in Deutschland ist man rechtlich in einer besseren Position als bei Miete vor Ort.
Das Mindestalter beim Mieten eines Leihwagens beträgt 21 Jahre, das Höchstalter 70 Jahre. Es genügt ein gültiger Führerschein mit Foto und Unterschrift, allerdings in englischer Sprache ausgestellt (Internationaler Führerschein).

Leihwagen
Bei internationalen Verleihern kann man bereits in Deutschland buchen.
Avis Rent-a-Car:
Tel. 011/392-3430, Fax 974-1030; Gebührenfreie Tel. in Südafrika 08000 2 11 11.
Budget Rent-a-Car: Tel. 011/392-3900; Gebührenfreie Tel. 0800 01 66 22
Europcar Interrent: Tel. 011/439-9696, 396-1309, Fax 396-1406
Britz Africa Leisure Rent (früher CI), Tel. 011/396-1860: Gebührenfreie Tel. 0800 11 74 60.
Maui Camper Hire, 270 Pomana Road, Kempton Park, 1620 Johannesburg, Tel. 011/396-1445; Female Street, Brackenfell, Cape Town, Tel. 021/982-5107 (deutsch sprechend)

Öffnungs- und Geschäftszeiten

Feste Ladenschlußzeiten gibt es nicht. Geschäfte sind in der Regel montags bis freitags von 9 bis 17 Uhr geöffnet, samstags von 8.30 bis 13 Uhr. In kleineren Orten sind sie über Mittag geschlossen. Supermärkte schließen gewöhnlich erst um 18 Uhr, einige haben sonntags geöffnet.
Banken kennen keine einheitlichen Schalterstunden, sind jedoch in der Regel zwischen 9 und 15.30 Uhr, samstags von 9 bis 11 Uhr geöffnet.
Friseure kann man aufsuchen zwischen 8 und 17 Uhr, samstags von 8 bis 13 Uhr.
Postämter öffnen montags bis freitags von 8.30 bis 16.30 Uhr, samstags von 8.30 bis 12 Uhr. In kleineren Filialen und auf dem Lande bleiben sie mittags zwischen 13 und 14 Uhr geschlossen. Behörden haben montags bis freitags zwischen 8 und 15.30 Uhr ihre Besuchszeiten.

Pannenhilfe

Der südafrikanische Automobilclub unterhält einen Pannendienst. Telefon-Nummern sollte man vor Antritt der jeweiligen Routenfahrt notieren. Die Mechaniker haben einen guten Ruf und sind bestrebt, Mängel durch Reparatur zu beseitigen, ohne teure Ersatzteile (die importiert werden müssen) zu verwenden.
AA ist die Abkürzung für »Automobile Association of South Africa« (gebührenfreie Info-Nummer: 0800 111 999).
Gegen Vorlage eines Mitgliedsausweises eines Automobilclubs kann man in jedem Büro der »Automobile Association of South Africa« (AA) den Gastservice in Anspruch nehmen. Die Mechaniker haben einen guten Ruf und sind bestrebt, Mangel durch Reparatur zu beseitigen, ohne teure Ersatzteile zu verwenden.

Sicherheit

Zwar ist Südafrika für ein Land der »Dritten Welt« ein weitgehend ungefährliches Reiseland, doch gelten hier die gleichen Vorsichtsmaßnahmen wie in anderen Entwicklungsländern auch. Dazu gehört, daß man riskante Visiten (z.B. Besuch einsamer oder verlassener Gegenden) unterläßt, großes Gedränge (wie auf Bahnhöfen und Märkten) meidet, Reisedokumente kopiert, Geld möglichst in Safes aufbewahrt und wenig Bargeld mit sich herumträgt oder nicht mit seinem Reichtum (Schmuck, Brieftasche) protzt. Zudem beschränken sich (was schlimm genug ist) die verhältnismäßig vielen Morde auf Johannesburg und die Slumgebiete/Townships anderer großstädtischer Siedlungen. Auch betreffen die Schreckensmeldungen über Schießereien und Unruhen in der Regel Einheimische und Gegenden, in die Touristen ohnehin nicht gelangen. Selbst die ehemaligen Homelands Transkei und Ciskei sind von mir mehrmals problemlos durchfahren worden. Die Warnungen eines Touren-Manuals davor, daß »wiederholt Weiße von schwarzen Extremisten überfallen und getötet« worden seien, kann ich nicht bestätigen; sie betreffen wohl eher weiße Südafrikaner während der Zeit revolutionärer Unruhen nach Ende des Apartheid-Regimes. Im übrigen habe ich den Eindruck, daß einige Weiße in Südafrika potentielle Gefahren dieser Art bewußt oder unbewußt übertreiben. Ich selber jedenfalls bin während meiner Südafrika-Reisen nicht ein einziges Mal belästigt, bedroht oder gar bestohlen oder überfallen worden. Hilfreich war möglicherweise, daß ich immer persönlichen Kontakt mit Kindern oder Marktfrauen suche und versuche, weder sorglos noch ängstlich zu sein. Wer sein Wohnmobil allerdings abends an einer einsamen Stelle am Rande einer Großstadt abstellt, darf sich nicht wundern, wenn ihn das gleiche Schicksal ereilt wie in Deutschland in ähnlichen Situationen.

Gewarnt werden muß vor den Gefahren in der Wildnis, die von Europäern oft unterschätzt werden. Nicht nur die großen Raubkatzen (Löwen, Leoparden, Geparde) sind wilde Tiere und keine Hauskätzchen, auch beispielsweise Zebras, die vor dem Wohnmobil oder der Lodge grasen, oder Paviane, die auf der Straße hocken oder am Campingplatz auf Beute lauern, sind gefährliche Tiere, die schwere Schlag- oder Bißverletzungen hervorrufen können. Es ist kaum zu glauben, aber während meines letzten Aufenthalts in Südafrika war in Zeitungen zu lesen, daß Japaner in einem Nationalpark in der Nähe von Pretoria aus dem Fahrzeug stiegen, um sich vor einer Gruppe von Löwen zu fotografieren. Das Ergebnis war ebenso traurig wie vorherzusehen.

Sprachen

Südafrikas kulturelle Vielfalt spiegelt sich in den zahlreichen Sprachen und Dialekten. In der Vergangenheit waren Englisch und Afrikaans die Landessprachen. Sie erscheinen auch heute noch nahezu gleichberechtigt auf Hinweis-Schildern, in den Broschüren und Dokumenten. Heute gibt es 11 offizielle Sprachen, die von den

22 Radiostationen auch ausgestrahlt werden. Die South African Broadcasting Corporation (SABC) strahlt Sendungen in sieben Sprachen aus. Als Tourist kommt man fast überall mit Englisch durch; auch Afrikaans ist weit verbreitet und wird von vielen Schwarzafrikanern verstanden, von Deutschen aber wohl kaum gesprochen.

Straßen und Wege

Etwa 85.000 km des Straßennetzes in Südafrika sind asphaltiert. Es gibt Freeways (Autobahnen), Toll Roads (Schnellstraßen) mit Mautpflicht und National Routes (ausgeschildert mit »N«). Asphaltstraßen gibt es selbst im Krüger National Park.
Etwa 163.000 km Haupt- und Nebenstraßen sind ungeteert, aber in der Regel ebenfalls gut befahrbar und für Wohnmobile geeignet. Diese nicht geteerten Pads werden als »Gravel Roads« oder »Gruis Pads« bezeichnet. Die Oberfläche ist nicht geschottert, sondern besteht aus naturbelassenem Belag. Man sollte diese Pads nicht schneller als mit 60 km/h befahren, denn viele zeichnen sich durch »Waschbrettstruktur« aus, quer zur Fahrbahn verlaufenden Wellen. Die Entfernungen in Südafrika sind gewaltig. Von Pretoria nach Kapstadt ist es etwa so weit wie von Frankfurt/Main nach Tunis, von Kapstadt nach Durban wie von Kopenhagen nach Barcelona.
Während der gesamten Fahrt durch Südafrika sollte man auf Tafeln mit brauner Farbe achten. Sie zeigen touristische Sehenswürdigkeiten, Viewpoints und interessante Hotels an.

Telefon

Das Telefonieren in Großstädten ist problemlos, auf dem flachen Land jedoch gibt es nicht einmal die Möglichkeit zu Selbstwähl-Ferngesprächen innerhalb Südafrikas. Hier muß man einen »Operator« einschalten.
Verbindungen vom Postamt dauern länger als in Selbstwahl, sind aber komfortabler und kaum teurer. Wie überall auf der Welt ist das Telefonieren aus dem Hotel am teuersten, denn diese berechnen nach eigenem Ermessen.
Auslandgespräche können von blauen Münzfernsprechern geführt werden. Internationale Vorwahl für Deutschland ist 0949 (Ortsnetz ohne 0), für Österreich 0943 und für die Schweiz 0941.
Von Deutschland, Österreich und der Schweiz nach Südafrika wählt man 0027, nach Lesotho 00266, nach Swaziland 00268. Die Städte haben wie bei uns Ortsvorwahlnummern, z.B. 021 für Kapstadt und 011 für Johannesburg. Eine Besonderheit sind die Nummern wie 0020; hier schaltet sich eine Vermittlung ein.
Not- und Polizeiruf: 101 77
Auskunft: 1025
Vorwahl von Südafrika nach Swaziland: 09268.

Verkehr

In Südafrika herrscht Linksverkehr, auf den Vordersitzen besteht Anschnallpflicht. Kinder unter 14 Jahren dürfen nicht auf den Vordersitzen mitfahren. Die Höchstgeschwindigkeit beträgt auf Landstraßen in der Regel 80-100, auf Freeways 120 und

in Ortschaften 60 km/h. Geahndet wird das Fahren unter Alkoholeinfluß (ab 0,8 ‰).
An Kreuzungen mit vier Stopschildern darf der zuerst Ankommende auch zuerst fahren. Kreisverkehr hat Vorfahrt. Wenn die Vorfahrt (Give Way) nicht geregelt ist, gilt »rechts vor links«. Mit gelber Farbe markierte Fahrbahnen dürfen nicht überfahren werden. Ein durchgestrichenes »S« bedeutet Halteverbot. Ein rechteckiges grünes Schild mit Pfeil signalisiert Einbahnstraße.
Ein schöner Brauch ist es, den schnelleren Fahrzeugen durch Ausweichen auf die Standspur Platz zu machen. Diese bedanken sich mit kurzem Einschalten der Warnblinkanlage, geantwortet wird durch Antippen des Fernlichtschalters.

Ver-/Entsorgung

Fast überall in Südafrika ist das Wasser trinkbar. Im Zweifelsfall kann man zur Sicherheit entkeimen (Mikropur usw.). Im übrigen ist auch Südafrika ein Land der Biertrinker, das »basci essential« genannt wird. In den Bottle Stores findet man auch Alkoholika sowie »Can Coller«, Isolierbehälter und Eis zum Kühlen. Dank der guten Infrastruktur bieten die meisten Campingplätze problemlose Entsorgungsmöglichkeiten.

Stromversorgung

Die Stromspannung in Südafrika beträgt landesweit 220/230 Volt Wechselstrom. Euro- und Schukostecker können nur mit einem Adapter für die dreipoligen Steckdosen verwendet werden. Im Hinterland gibt es bisweilen Generatorstrom mit ungleichmäßiger Spannung.

Zeit

Die Zeit in Südafrika liegt eine Stunde vor der Zeit in Deutschland (MEZ + 1 Std.); während der Sommerzeit besteht Zeitgleichheit.
Da Südafrika sich über 15 Längengrade erstreckt, geht die Sonne allerdings z.B. in Durban früher auf bzw. unter als in Kapstadt, was sich bemerkbar macht.

Zoll

Frei eingeführt werden dürfen 1 l Spirituosen oder 2 l Wein, 400 Zigaretten, 50 Zigarren, 250 g Tabak, 250 ml Eau de Toilette und 50 ml Parfüm. Zusätzlich dürfen Geschenke im Wert von 250 DM eingeführt werden. Für Waffen benötigt man eine Genehmigung, für Tiere eine Importbescheinigung. Haustiere sind übrigens in keinem Wildpark zugelassen. Pflanzen- und Tierprodukte dürfen nur mit besonderer Genehmigung aus- oder eingeführt werden. Generell verboten sind Drogen, Medikamente (außer für den Eigengebrauch) und Pornographie. Nach den Bestimmungen der Artenschutz-Konvention wird der Handel mit gefährdeten Tieren und Pflanzen streng kontrolliert; solche Produkte können eingezogen werden. Bei der Einfuhr von Autos und Motorrädern benötigt man ein Triptique oder Carnet, ausgestellt von einem international anerkannten Automobilclub.